人材ビジネス

採用人事担当者から経営者まで総合的に業界がわかる

水野臣介
Shinsuke Mizuno

All About THE
HUMAN RESOURCE
BUSINESS

CROSSMEDIA PUBLISHING

はじめに
人材派遣会社の営業マンが「労務ジャーナリスト」になるまでの20年

私はおそらく、普通の人よりも多くの仕事を経験していると思います。

学生時代は「就職氷河期」が始まったころですが、アルバイトは豊富に募集されていました。電話をかけて求人誌に付いている履歴書を持参すれば、すぐに働くことができ、その日のうちに封筒でお給金が貰えるのどかな時代でした。

ろくに授業も受けずに洋服やデートの軍資金作りに精を出していたおかげで、酒屋の配達、引越しスタッフ、古着屋の店員、バーテンダー、イベントスタッフ、通行人をカウントする仕事など、10職種ぐらいのアルバイトを経験することができました。

その後、社会人になり、これといったプランもないまま地元である名古屋の小さな人材派遣会社に就職することになりました。

時は1990年代。Windowsが出現し、事務作業に革命が起きたころ。インターネットもメールも、まだビジネスユースにはなっていませんでした。企業は、WordやExcelを使える人材が急に必要になったため、人材派遣会社を通じて争奪戦を繰り広げていました。

人材の募集も現在のような求人ポータルサイトではなく、求人誌「とらばーゆ」「フロムエー」「DODA」が主流でした。といっても、必ず応募が来るわけではありません。「人員が集められなかったのだから、責任を取って自分が働いてくれ！」――クライアントからは、そんなクレームが日常茶飯事でした。

当時の社長に相談しても「何とか乗り切れ」という非情なアドバイス。しかし、こうした営業マネージャー兼派遣スタッフという役職のおかげで、経理補助、発注管理、広告制作、実演販売、コールセンター、地元CMの脇役など、経験職種は30を超えたのではないでしょうか。

そうして自分でクライアントの仕事を体験したことにより、業務内容を他社よりも細かく紹介できるようになりました。それが評判となり、会社の業績は3倍ほどになりました。

そして、「名古屋に面白い人材派遣の営業がいる」という私の噂は、東京にある人材業界専門誌の出版社にまで届くこととなりました。

2002年、世の中の就職・転職活動は紙媒体からインターネットにシフトします。私は東京に居を移し、仲良くなったその出版社に転職。同社が事業展開する派遣求人のポータルサイトのリーダーに着任しました。

そして着任早々、私は大きな衝撃を受けます。すでに東京では携帯電話やパソコンを使った転職活動が定着していたのです。エントリーから採用決定までのスピードが、紙媒体よりも数倍速い。目まぐるしく変化する人材ビジネス市場に取り残されないよう、必死で求人広告の営業に没頭しました。

製造派遣や軽作業派遣などのスポット派遣の勃興もあり、人材派遣・人材紹介などの人材ビジネス市場は2007年には5兆円規模にまで急拡大。業界内には上場する企業も増え、「人材ビジネス」は名実ともに日本経済を支える一軍のレギュラーとなりました。

私はそのころ、業界専門誌の営業兼編集補助として、全国の人材ビジネス会社を訪問していました。色々な人や仕事に出会い、充実した日々を過ごしていましたが、それも束の間。リーマン・ショックにより、人材業界はその後「暗黒の10年」を迎えます。

市場も急激にシュリンクしましたが、政権が交代し、日本経済の回復に伴って、人材ビジネスも復調に転じました。

時は流れて2024年。日本に外国人が殺到し、AIが人に代わる時代が到来しました。私は人材業界専門誌の発行人となり、現在も人材ビジネスの前線に立っています。

本書では、四半世紀に及ぶ私の業界経験を踏まえ、人材ビジネスの世界をご紹介します。学生時代、初めて仕事に触れるアルバイト。卒業を控え、新社会人になるために取り組む就職活動。出産・育児による働き方の変化やキャリアアップのための転職。そして近年増加している副業・兼業と超高齢社会における定年後の再就職。

知っているようで知らない人材ビジネスの世界を、本書を通じて、少しでも身近なものに感じていただければ幸いです。

それでは行ってみよう！

第1章 ライフステージから学ぶ人材ビジネスの世界

Chapter 1 : The world of human resource business

第2章 学生から学ぶアルバイトの世界
Chapter 2 : The world of part-time jobs

第3章 就活生から学ぶ就職活動の世界
Chapter 3 : The world of job hunting

第4章 悩める若者から学ぶ転職活動の世界

Chapter 4 : The world of career changes

第5章 出産・育児世代から学ぶ人材派遣の世界

Chapter 5 : The world of temporary staffing

第6章 職場復帰から学ぶ無期雇用派遣の世界

Chapter 6 : The world of indefinite-term temporary employment

第7章 働く子育て世代から学ぶ副業・兼業の世界

Chapter 7 : The world of side jobs and multiple jobs

第8章 40～50代のプロフェッショナル世代に学ぶスカウトの世界

Chapter 8：The world of scouts

第9章 定年後の第2の人生から学ぶ再就職支援の世界

Chapter 9 : The world of re-employment support

第10章 これからの人材ビジネスの世界
Chapter 10 : The future of human resource business

※本書に掲載されている制度およびサービスは
２０２４年10月時点のものです。

カバーデザイン　金澤浩二
カバーイラスト　アサバマリエ

第1章

ライフステージから学ぶ人材ビジネスの世界

Chapter 1 :

The world of human resource business

ALL ABOUT THE HUMAN RESOURCE BUSINESS

1

「人」と「企業」をつなぐ人材ビジネス

「人材ビジネス」と聞いて、みなさんはピンとくるでしょうか？新聞などでは「人材サービス」と呼ばれることもあります。諸説ありますが、私が発行している業界専門誌「月刊人材ビジネス」から、この言葉が普及するようになったとも聞きます。

そもそもこれは国の許認可事業として、労働行政により「労働者供給事業」「労働者需給調整事業」と呼ばれていたものでした。登場から38年の時を経て、現在は人材ビジネスという呼び名が市民権を得ています。

人材ビジネスを改めて定義すると、「仕事をしたい人（求職者）と人手が欲しい会社（求人企業）を仲介し、就業条件や就業環境等の調整を行うことで雇用契約を成立させる仕事」といったところです。

１９８０年代まで、ほとんどの企業が終身雇用制度という人事制度をとっていました。学校を卒業して会社に就職すれば、定年（当時は55歳）まで同じ会社で働き続ける人が大多数だったのです。日本経済も絶好調で、銀行の利息や年金など、今とは比べ物にならないほど良いものでした。

男女雇用機会均等法なる法律があるものの、当時の日本の実社会では性別によって業務内容を決められる風潮が色濃く残っていました。

仕事も総合職（転勤のある職種）と一般職（転勤のない職種）があり、学校を卒業すれば、文系男性はほぼ営業職、理系男性は技術職に就きました。文系女性は事務職で、結婚したら退社し、家庭で主婦業に専念するという考え方が一般的でした。未婚のまま事務職を続けていると、「まだ結婚しないの？」と上司から言われてしまうスーパーハラスメント時代だったのです。

好調だった日本経済も、１９９０年代に入って間もなくバブルが弾け、「失われた30年」

が始まります。

大企業は生き残るためにリストラという都合の良い言葉で、終身雇用を約束した社員を事実上の「クビ」にしていきました。このころから、日本の終身雇用制度の崩壊は始まったと言ってよいでしょう。結果的に首を切られた余剰人員は、次の仕事を探さなければならなくなりました。

一方で、新卒の募集を見送る企業が徐々に出始めました。これにより、就活生は行き場を失います。行きたくなかったけれどとりあえず内定が出た会社にしぶしぶ入社し、3年以内に辞めてしまうケースもありました。内定が出なかった学生は、アルバイトで生計を立てるしかありません。そう、「就職氷河期」の始まりです。

絶望的な話になってしまいましたが、こうした時にも、「人手が欲しい会社」はゼロではありませんでした。スマホもなければネットもない時代、余剰となった人材を、人手が足りない企業にマッチングする必要が出てきたのです。こうして人材ビジネスの黎明期がスタートしました。

いかがでしょうか。実は、私たちが働く上で、生活していく上で、そして生きていく上で、人材ビジネスはエッセンシャルなサービスであることがわかります。

例えるなら、人材ビジネスは「不動産仲介事業や保険代理店事業のお仕事バージョン」といったところです。イメージしやすいものとしては、全国都道府県にある「シルバー人材センター」のような無料職業紹介事業者や「タイミー」「ｄｏｄａ」などの民間の人材紹介会社が運営するサービスです。

全国の人材ビジネス会社は、日々、求職者と求人企業のマッチングに奮闘しているのです。

ALL ABOUT THE HUMAN RESOURCE BUSINESS

2 ライフステージと働き方

先ほど、私たちが働く上で、生活していく上で、そして生きていく上で、人材ビジネスはエッセンシャルなサービスだと言いました。本書では、人材ビジネスを求職者のライフステージと結びつけて考えていきたいと思います。

私たちは生きていく中で、就職、結婚、出産、転職など、数多くの転機を迎えます。そしてそれらの転機によって、立つステージは変わります。

本格的に社会に出る前の「学生時代」、子どもを持つことで生活が一変する「子育て期」、組織全体を視野に入れて働く「プロフェッショナル期」、第2の人生を考え出す「シニア期」や、ゆとりある時間で社会貢献に関わり始める「シルバー期」。

それぞれのステージで、働き方や求められるスキルも違ってきます。

日本には多くの人材ビジネス会社があります。高校や大学の進学とともに利用する学習塾や予備校が変わるように、人材ビジネスの世界にもそれぞれのライフステージに適した「伴走者」がいるのです。

例えば大学生の場合は、学費や遊ぶための資金を手に入れるため、休みの日を利用してアルバイトをする人が多いでしょう。

イベントスタッフや引越しのアシスタントなど、単発の仕事はバイトアプリから探すことができます。実はその仕事を掲載しているのは、イベント主催者でも引越し会社でもありません。仕事案件と求職者をマッチングする「職業紹介事業」という人材ビジネスです。

また、3年生になると多くの学生が就職活動のために新卒用求人サイトを利用します。これを運営しているのは、「特定募集情報等提供事業」という人材ビジネスです。

30代半ば、子育てが落ち着き、フルタイムでは難しいものの10時30分から16時までは働ける。実務経験もあり、パソコンを使ったオフィスワークであれば即日就業したい。こんな時に便利なのが、人材派遣会社です。登録すれば、自分の希望する仕事内容・就業場所・就業時間・継続期間などの条件をもとにアレンジしてもらえます。職場を事前に見学することもでき、就業後も希望通りに働くことができているか担当者がフォローしてくれます。

福利厚生としてスキルアップ研修やeラーニングが充実していたり、派遣期間終了後も担当者が次のキャリアの相談に乗ってくれたりという利点もあります。このことから、フルタイムで働けるようになってからも、派遣スタッフとして働き続ける人は少なくありません。

40代になり自分の腕に自信がついたころ、実家に戻らなければいけなくなったとします。しかし今の会社には実家の近くに支店がなく、継続して働くことが難しい。転職を余儀なくされた時に相談に乗ってくれるのも、人材ビジネスである「職業紹介事業」です。

求職者のキャリアやＱＯＬ（Quality of life：一人ひとりの生活の質、人生の充実感）を一緒になって考えてくれ、次の転職先企業を探して就業するまでの架け橋となってくれます。

50代になり、業界内でも名前が通るようになったころ。役員も兼任し、会社の業績向上にも大きく貢献できるようになったけれど、もう少し良い条件で働きたい。そう思っている時に1通のメールが届きます。「あなたのことが必要な会社のエージェントです。今度お会いできませんか？」――そう、他社からの引き抜き、いわゆるヘッドハンティングです。これも「職業紹介事業」という人材ビジネスにあたります。

定年を迎え、「地域社会に貢献したい」「健康で生きがいのある生活を送りたい」と思った時に、ちょうど良いお仕事をアレンジしてくれるのがシルバー人材センターです。会社ではありませんが、これも高齢者向けの職業紹介を事業とする人材ビジネスです。

いかがでしょうか。ライフステージと人材ビジネスが密接な関係にあることがおわかりいただけたかと思います。

人生は山あり谷あり。ライフステージによってキャリアアップすることもあれば、キャリアダウンやキャリアキープをしなければならないこともあります。そんな時、人材ビジネスはみなさんをサポートしてくれるのです。

ALL ABOUT THE HUMAN RESOURCE BUSINESS

3 業界を代表する4つの事業

人材ビジネスは主に厚生労働省の許認可事業（一部、届出制度）です。

認可されるとライセンス番号が支給されます。許認可である以上、事業を運営する上では認可要件があり、違反をすれば行政指導を受けることになります。反対に、事業運営においてその功労が認められれば、事業者には「厚生労働大臣賞」「厚生労働省職業安定局長賞」「民営職業紹介事業協会会長賞」などの表彰が授与されます。

人材ビジネスは労働行政と密接に関わるものであり、公的使命を持った社会的役割の高い事業なのです。

ここからは、人材ビジネス業界の４事業についてお話しします。

1. 労働者派遣事業

いわゆる人材派遣と呼ばれるもので、許認可事業です。派遣元企業（派遣会社）が労働者を雇用し、派遣先企業にその労働力を提供する形態の労働契約です。派遣社員は派遣元と雇用契約を結び、派遣先で指示を受けながら働きます。派遣元は賃金や社会保険料の支払いを担当し、派遣先は業務指示と労働環境の提供をします。

派遣契約は通常、３ケ月更新などの一定期間のものであり、専門的スキルを持つ労働者の需要に応じて利用されます。労働者派遣法によって規制されており、雇用の安定性や派遣先での待遇に関する基準が定められています。

2. 職業紹介事業

いわゆる人材紹介と呼ばれるもので、許認可事業です。求職者と求人企業を仲介し、適切な雇用機会を提供する事業のことをいいます。職業紹介事業者は、求職者からの相談を受け、希望やスキルに応じた職業を紹介し、企業に必要な人材を提供します。

この事業は「有料職業紹介」と「無料職業紹介」に分かれ、有料の場合は成功報酬として企業から紹介手数料を受け取ります。

職業紹介事業は職業安定法に基づいて運営され、適切な人材マッチングや個人情報の保護が求められます。労働市場の流動性を高め、企業の人材確保と求職者の就職支援に大きな役割を果たしています。

3. 特定募集情報等提供事業

いわゆる求人サイトやアプリによるもので、こちらは届出制事業になります。

求人情報の提供や人材紹介を行う事業の一種で、特定の企業の求人情報を求職者に提供する業務を指します。求人広告の掲載や人材紹介を通じて、企業と求職者を結びつけます。

主にインターネット上の求人サイトやスマートフォンのアプリを通じて行われることが多く、特定の職種や業界に特化した求人情報を提供する場合もあります。

職業安定法によって規制されており、適正な情報提供や個人情報の保護が求められます。企業側と求職者側の双方にメリットがある反面、不適切な情報提供や虚偽広告が問題になることもあるため、厳格な管理を要します。

4．請負事業

いわゆるアウトソーシングやＢＰＯ（ビジネス・プロセス・サービス）と呼ばれる事業で、企業が特定の業務やプロジェクトを他の企業（請負業者）に外部委託する形態のビジネスです。

請負業者は、依頼元企業から受けた業務を独立して遂行し、結果に対して責任を負います。労働者派遣とは異なり、請負業者は自社の管理下で作業を行い、指揮命令権も請負業者側にあります。製造業や建設業などで広く利用されており、コスト削減や専門性の活用を目的としています。

しかし、適切な契約が行われない場合、偽装請負などの問題が生じることもあります。労働基準法や契約法に基づき、適正な業務遂行と労働条件の確保が求められます。

以上の４つが人材ビジネスの代表的な事業です。普段何気なく目にしている求人サイトや派遣会社も、こうした厳しい決まりのもとで成り立っています。

ALL ABOUT THE HUMAN RESOURCE BUSINESS

4

景気により拡大・縮小する人材ビジネス

人材ビジネスは、日本経済の歴史と密接に関わっています。おおまかに言うと、それぞれの事業の特性により、景気が良い時に市場拡大するものもあれば、縮小するものもあるのです。ここからは、それぞれの市場規模について見ていきましょう。

業界のメガマーケット—労働者派遣事業

現在、日本の労働者派遣事業の市場規模は10兆円に迫る勢いです。人材ビジネス業界のメガマーケットと言えます。事業所数は約4万4000、派遣先も70万件以上に拡大し、全国で215万人の派遣労働者が活躍しています。その内、120万人が事務系で45万人は製造系、残りの50万人はその他の派遣職種に属します。

日本の人材派遣市場は、バブル崩壊後の経済環境の変化に伴い拡大しました。1986

年の労働者派遣法の施行により、専門職に限られていた派遣が徐々に一般職にも広がりました。その後、１９９９年には原則自由化されます。これにより、２０００年代初頭には市場が急成長しました。リーマン・ショック後の景気低迷で一時的に縮小しましたが、その後の景気回復や働き方の多様化により、再び拡大しています。

近年では、労働力不足や企業の柔軟な人材活用のニーズに応じて、派遣市場は安定した成長を見せています。しかし、労働人口の減少や派遣労働者の待遇改善、規制強化の議論も進んでおり、今後の動向が注目されています。

規制緩和で参入企業増加―職業紹介事業

日本の職業紹介事業の市場規模は、現在７０００億円超。人材ビジネス業界の中でも、最も歴史のあるエッセンシャルなマーケットです。

厚生労働省によれば、２０２３年度の民間職業紹介事業所数は3万１２３７。行政機関である全国のハローワークだけではカバーできない業種や職種をサポートしています。

１９９０年代後半から２０００年代にかけて大きく拡大しました。

１９９７年の職業安定法の改正により、有料職業紹介事業の規制が緩和され、多くの企業が新たに参入しました。これに伴い、特に人材派遣業やヘッドハンティングを中心とする職業紹介サービスが成長しました。

リーマン・ショック後の経済不況期には一時的な市場縮小が見られましたが、その後、グローバルな人材需要の増加や技術革新に伴うスキルマッチングの必要性から、市場は回復・拡大しました。

現在、少子高齢化による労働力不足の課題に対処するため、職業紹介事業は企業と求職者を結ぶ重要な役割を担っており、引き続き成長が見込まれています。

新たに届出制がスタート──特定募集情報等提供事業

特定募集情報等提供事業とは、「労働者になろうとする者に関する情報を収集する募集情報等提供事業」のことを言います。2022年、職業安定法の改正により、この特定募集情報等提供事業に届出制が創設されました。

「労働者になろうとする者に関する情報」とは、氏名等の特定の個人が識別できる個人情報だけでなく、メールアドレスや経歴、サイトの閲覧履歴等を含む情報のことです。具体的には、利用者に会員登録を求めている場合やメールアドレスを集めて配信している場合、また、閲覧履歴に基づく情報提供をしている場合には、この届出が必要になります。

急拡大で投資家からも注目─請負事業

現在、日本のアウトソーシング事業の市場規模は、推定で7兆円超。メガマーケットである労働者派遣の市場規模を追い越す勢いで拡大しています。そのため、業界関係者や投資家からも注目を集めています。ＩＴ系ＢＰＯ事業者、製造・物流系ＢＰＯ事業者、コールセンター系ＢＰＯ事業者、事務系ＢＰＯ事業者などがあります。

１９８０年代から１９９０年代にかけて、請負事業は急速に拡大しました。バブル経済の崩壊後、企業はコスト削減や業務効率化を求め、コア業務以外の業務を外部に委託する動きが強まったのです。この流れでＩＴアウトソーシングやコールセンターなどの分野が急成長しました。

２０００年代には、グローバル競争の激化や技術革新により、より高度な業務のアウトソーシングも一般化しました。リーマン・ショック後、一時的な市場縮小がありましたが、その後、企業の固定費削減ニーズや労働力不足への対応として、再び市場が拡大しました。

現在、デジタル化やＡＩ技術の進展により、アウトソーシングの範囲や内容がさらに進化しており、今後も市場の成長が見込まれています。

ALL ABOUT THE HUMAN RESOURCE BUSINESS

5 人材ビジネス業界のビッグ6

ここでは日本の人材ビジネス業界の大手6社を紹介します。
いずれも総合人材ビジネス会社で人材紹介（転職支援、新卒支援）、人材派遣（主に事務派遣）、ＢＰＯ（主にコールセンター）など、多角的な人材ビジネス事業を展開しています。どの会社も求職者の目線で専門的なアドバイスを行うキャリアサポートを提供しています。最近では兼業・副業の相談やテレワークの相談にも積極的に対応しています。また、求人企業に優秀な人材をタイムリーに提供するための環境整備（受注システム）を進めることで、双方のニーズを効率よくマッチングします。

まず初めにご紹介するのは、国内の人材ビジネス会社を代表する3社です。

・パーソルホールディングス

パーソルホールディングスは、国内外で人材サービスを展開しているリーディングカンパニーです。前身となるテンプスタッフ（現 パーソルテンプスタッフ）は１９７３年に設立されました。業界のパイオニア的存在です。

「はたらいて、笑おう。」をグループビジョンに、人材派遣やアウトソーシング、エグゼクティブサーチ、コンサルティングなど、多彩なサービスを提供しています。

グループ会社のパーソルテンプスタッフは日本国内の人材派遣業界では最も高いシェアを持っています。人材紹介サービスではパーソルキャリア（旧 インテリジェンス）がパーソルテンプスタッフと同様、業界の主要プレーヤーです。また、最近ではこれから伸びるＢＰＯに着目し、新会社パーソルビジネスプロセスデザインを立ち上げており、業界のトップランナーとして圧倒的な存在感を放っています。

グループ各社はＡＩやビッグデータを活用した人材マッチングの最適化など、新しい取り組みも積極的に展開しています。

・リクルートスタッフィング

人材派遣サービスでは、リクルートグループのリクルートスタッフィングが、国内トップクラスのオフィス系を中心とした人材派遣会社として知られています。同社の特徴は、「自分らしさ」で働くスタイルを理念に派遣サービスを提供している点です。

業界専門誌『月刊人材ビジネス』が実施する「派遣スタッフ満足度調査」では、「これからもこの派遣会社で働きたい（再就業率）」と「この派遣会社を友人に勧める（口コミ）」の部門でともに連続1位を獲得しています。コロナ禍で変化した就業環境に迅速に対応したサービス提供でも高く評価されました。

・スタッフサービス・ホールディングス

2007年にリクルートグループにグループインしたスタッフサービス・ホールディングスは、1980年代に大きく事業成長しました。バブル崩壊後の就職氷河期時代には、求職者の雇用確保に大きく貢献しています。主に事務派遣サービスを展開することで事業基盤を全国的に構築し、2001年には業界1位の地位を確立。同グループのテクノ・サービスでは解禁されたばかりの製造派遣に参入。当時では他社に先駆けて「いかに速く雇用契約を成立させるか」に着目し、受注システムを強化。求職者のエントリーから就業までのスピードがとても速いのが特徴でした。1997年に開始した「オー人事」のコマーシャルが記憶に残っている方も多いのではないでしょうか。

・パソナグループ

１９７６年設立のパソナグループは、人材ビジネス業界で日本初の上場を果たしました。１９９０年代には事務派遣領域で大きく成長し、事業基盤を確固たるものにしました。また、２０００年代からは他社に先駆けてＢＰＯ領域に取り組むなど、人材ビジネス業界の先駆者的なポジションで事業展開しています。

また、常に社会的な課題に取り組む姿勢も特徴のひとつです。地方での新産業の創造・雇用促進などを見据えて本社機能の一部を淡路島に移転。ＣＳＲ（Corporate Social Responsibility：企業の社会的責任）活動にも積極的に力を入れています。

最近では能登半島地震で被災された各地域の支援を目的に、石川・新潟・富山県の物産展を開催。各3県を代表する名産品や加工品、銘酒、銘菓などの販売の他、輪島塗・珠洲焼など、石川県の伝統工芸品のチャリティー販売会も実施。自社のオーケストラの演奏会でチャリティー募金を実施するなどの活動でも注目を集めています。

今後は、「いのち、ありがとう。」をテーマに、ＥＸＰＯ２０２５大阪・関西万博にパビリオンを出展する予定です。

ここからは、「人材ビジネス世界3強」とも呼ばれる外資系大手企業をご紹介します。

グローバル企業に共通しているのは、工場ワーカーの比率がオフィスワーカーよりも全体的に多いことです。そのため、オフィスワーカーが多い日本市場の持つ特殊性にとても高い関心を持っており、アジアマーケットのモデルカンパニーとして、事業展開しています。

外資系人材ビジネス企業に共通する強みは、世界的なネットワークを有していることです。特に、高い英語力や専門的なスキルを持つ人材を求める企業に定評があります。グローバルな労働移動や採用ニーズに応えるためのインフラを有し、日本国内だけでなく海外でのキャリアチャンスも提供しています。

AI・データサイエンス、IT、エンジニアリング、金融、製造・物流業、国際法務・会計分野など、専門性の高い分野での求人に強く、グローバル志向の高い求職者に多様なキャリアパスを提供しています。グローバル人材のスキルアップを重視し、派遣スタッフや転職希望者向けに研修プログラムを充実させ、長期的なキャリア形成の支援もしています。

・マンパワーグループ

1948年に創業したマンパワーグループは、世界70ヶ国・地域にサービスを展開する大手総合人材サービス会社です。１９６６年に日本の労働市場に参入し、「私たちは働く世界に力を与えます。」を企業理念に国内初の人材派遣会社としてスタートしました。

日本人材派遣協会の理事を歴任するなど、マンパワーグループが日本の人材ビジネスの黎明期から成長期をリードしてきたといっても過言ではありません。

業界発展のためにグローバル企業としての歴史と知見を惜しみなく提供してきたため、同業他社からの信頼も厚く、「日本の人材ビジネス業界の礎」というポジションを築き上げました。

・アデコグループ

１９５７年に創業したアデコグループは、スイスのチューリッヒに本社を置くグローバル企業です。世界の60を超える国に５０００以上の拠点があり、社員数は３万４０００名に上ります。

労働者派遣法が施行される1年前の１９８５年に日本に進出。当時の社名はアディアでした。市場の成長期に、国内の事務系派遣大手であるキャリアスタッフを吸収合併し、１９９９年にアデコキャリアスタッフとして事業展開。安定期に入り、エンジニア派遣の大手・ＶＳＮ（現　ＡＫＫＯＤ·ｉＳコンサルティング）の全株取得で国内でも独自の存在感を持つ大手人材ビジネス会社です。

アデコグループは、2030年の日本の人材ビジネス市場を見据えて、大きな組織改革を実施しました。

人材派遣を中心としたHRソリューションを提供する「Adecco」、転職支援や人材紹介を提供する「LHH」、採用代行など人事アウトソーシングを提供する「Ponto on」、テックコンサルティング事業を展開する「AKKODiSコンサルティング」で構成されています。

・ランスタッド

1960年に創業したランスタッドは、オランダのアムステルダムのディーメンに本社を構える世界最大級の人材サービス企業です。1990年代にはヨーロッパ諸国やアメリカに進出し、2000年代にはインド・中国にまで拡大しました。

日本には2010年代に本格的に進出。2011年に総合大手の上場企業のフジスタッフ、製造分野のアイラインと3社で経営統合し、現在の事業基盤を確立しました。2016年にはキャレオグループの全株を取得し、業界上位の立ち位置を確固たるものにしました。現在では世界39ヶ国に4600以上の拠点があります。

ALL ABOUT THE HUMAN RESOURCE BUSINESS COLUMN

人材ビジネス会社で働く人も人材ビジネス会社を使う

「転職のプロ」として人材ビジネス会社で働く人たちも、自身のキャリアに悩むことがよくあります。

彼らは自分の目の前にいる求職者の栄えあるキャリアパスのために、日々、心血を注いで西へ東へと奔走しています。

「もっと活躍できる人材ビジネス会社に転職したい」「もっと成長できる人材ビジネス会社を探したい」「転職するか今の会社で頑張るべきか」などと悩むのは、働いていれば当然のことです。

「将来のキャリアパスについて業界に精通したコンサルタントに相談したい」というのも多くの人と同じ。人材ビジネス業界にも、人材ビジネス会社があるのです。

その会社の名前はインプレッション。

「年収をあげるにはどんなスキルを身に付ければ良いかアドバイスが欲しい」「今すぐには転職を考えていないが、良い求人があれば連絡が欲しい」「人材ビジネス会社からどのような求人があるのか知りたい」「将来、人材ビジネス会社を起業したい」、そんな声にこたえ、この会社では人材ビジネス業界で活躍する転職希望者に次のようなサービスを提供しています。

・中長期的なキャリアを念頭においたキャリア支援

転職希望者はどの業界も同様に、目先の雇用条件が気になるものです。確かにそれも大切ですが、短期的な離職を繰り返すことが将来のキャリアに悪影響を与える可能性があります。インプレッションでは転職希望者の将来の希望や目標を考慮し、中長期的な視点からアドバイスと転職サポートを提供しています。

・豊富な求人数の中から業界人にあった求人を紹介

創業から20年、同社はこれまでに1000社超の人材ビジネス会社とのエージェント契約、そして常時100件以上のオープンポジションの求人（職種や業務内容を特定しない求人方法）を有しています。また、独自で構築した人材ビジネス業界の求人情報から、担当のコンサルタントが求職者の条件に沿う求人を厳選して紹介。紹介先と長く付き合っているため信頼が厚く、紹介実績も豊富です。人材ビジネス業界の求職者、求人会社の間に立ってさまざまなロビー活動を展開しています。

ここで特筆すべきは、自己応募やダイレクトリクルーティングでの応募とは異なり、第三者（同社エージェント）の意見も取り入れながら、転職活動を進めていけるところです。

・応募企業の進捗ペースを調整しながらの転職活動

意外かもしれませんが、現職の人材紹介コンサルタントからは、「自分自身も同じ仕事をしているが、支援してもらう立場になって、改めて進捗を管理してもらうことのメリットを実感した」という声が多く聞かれます。

人材ビジネス業界の転職希望者のポジションがない場合は、希望者と相談の上、求人企業への提案や募集企業を開拓。また、管理職の転職希望者はポジションサーチで転職が決まるケースも多く、満足度の高い転職が成立しています。

第2章

学生から学ぶアルバイトの世界

Chapter 2 :

The world of part-time jobs

ALL ABOUT THE HUMAN RESOURCE BUSINESS

1

「むかし面接 いまアプリ」スキマバイトという新市場

皆さんも「スキマバイト」や「スポットワーク」という言葉はすでにご存じかと思います。授業後の空き時間やサークルから飲み会までの間など、隙間（スキマ）時間を利用してアルバイトをすることが、若者を中心に幅広い世代に浸透しています。そのフロンティア企業がタイミーです。

スキマバイトアプリ「タイミー」を運営するタイミーは、2024年7月、東証グロース市場へ新規上場しました。公開価格ベースでの時価総額は1379億円。2018年8月のサービス開始から6年で大型上場を果たし、主要メディアは〝若きユニコーン企業〟として大きく取り上げました。

創業者の小川代表は当時27歳。大学生だった20歳の時にアパレル関連事業を起業するもののうまく行かず、１年で自ら事業をたたみました。その後、借金返済や生活費の工面のため、日雇いバイト生活が始まります。そんな中、「なぜ毎回、履歴書を送付し、面接を受けに行かなければならないのか。すぐにでも働きたいのに、働けないのはなぜだろう？」と疑問を持つようになりました。

それがきっかけとなり、タイミーのアプリ開発とサービス構築を始めたのです。

タイミーのアプリは、仕事探しからマッチングまで、履歴書や面接なし。スマホひとつで完結します。

給与は働いた当日に振り込まれ、クライアントの求人事業者は、アルバイトへの報酬の3割にあたる額をサービス利用料（紹介料）としてタイミーに支払う仕組みです。働いた実績を踏まえ、求人事業者が、タイミーの利用者を正社員やパートとして直接雇い入れることもできます。その際、紹介料はかかりません。

これらのことから、タイミーは求職者にも求人事業者にも高く評価されているのです。

タイミーの２０２３年10月期の売上高は１６１億４４００万円。利用者は２０２３年12

月時点で10~20代が半分を占めますが、50代が11・7%、60代以上が3%と、幅広い年齢層となっています。サービス開始から2024年9月までに登録したワーカー数の累計は900万人です。

スキマバイト市場全体も拡大しており、登録会員数は2024年9月1日時点で約2500万人となっています。

すでに人材業界大手のパーソルホールディングスが「シェアフル」でタイミーに追随し、2024年3月にはメルカリが参入。その後もリクルート、ディップなどがそれぞれ新規参入することを表明しました。

今後もスキマバイトという新しい市場に注目が高まっていくことでしょう。

仕事探しから仕事始めまで、スマホひとつでワンストップの時代が到来しました。

人手不足となった現在のアルバイト市場には、働き手に寄り添うサービスが求められているのです。

ALL ABOUT THE HUMAN RESOURCE BUSINESS

2 激変するアルバイト市場

ここからは、日本のアルバイト市場の全体感を掴んでいきましょう。
ちなみに、アルバイトとパートは、法律上はともに「パートタイム労働者」となりますが、ここでは「パートタイム労働者」の意味でアルバイトという言葉を使っていきます。

２０２３年時点で、日本の労働人口は約６９００万人。この内、アルバイトはおよそ１３００万人です。アルバイトが全労働者に占める割合は大きく、労働市場における重要な役割を果たしています。業種によっては、アルバイトが主要な働き手となっているものもあります。

アルバイトは学生や主婦、シニア層を中心に多様な年代で構成されています。フルタイムで働けない人々が活躍していることも、ひとつの特徴です。

アルバイト募集が盛んな職種も、時代によって目まぐるしく変化します。最近では、2020年の新型コロナウイルス感染症による社会的影響が記憶に新しいでしょう。

アルバイト市場はこの当時、一時的に大きな打撃を受けました。特に観光業や飲食業は厳しい状況にあり、多くのアルバイトが一時解雇やシフト削減に直面しました。しかしその一方で、デリバリー業務やECサイト関連の物流業務など、新しい需要が生まれ、アルバイト市場にも新たな雇用機会が創出されたのです。

そしてコロナ禍が明けて一転。インバウンド需要は日増しに高まり、現在、観光地の接客スタッフのアルバイトは高時給で募集されています。

また、外国人労働者の増加もアルバイト市場に大きな影響を与えています。

留学生を中心とした外国人は、日本での生活費や学費を稼ぐためにアルバイトをすることが多く、飲食店やコンビニエンスストアなどで働く姿を目にするのは、もはや日常的です。

政府は外国人労働者の受け入れを緩和しており、特定技能制度などの新しい制度も導入しています。直近のデータでは204万人以上の外国人が日本国内で働いています。これは国内で働く派遣労働者215万人と同規模の数字です。

2019年までは中国籍の労働者が最も多かったのですが、現在ではベトナム国籍が最多となっています。

この先もアルバイト市場をはじめとする労働市場において、外国人労働者の役割は業種を問わず、さらに重要となり、拡大していくことでしょう。

今後の日本のアルバイト市場は、少子高齢化や労働力不足の影響を受け、大きく変化すると予想されます。2024年時点で日本の人口は約1億2400万人。2050年には約9500万人になると推計されています。これは、25年ほどの間に約3000万人が減少する計算です。

2050年には、65歳以上の高齢者が人口の約4割を占めるとも言われており、社会保障や医療費の負担も増加することが見込まれます。

若年層の労働者が減少する中、求人企業がシニア・シルバー層や外国人労働者を積極的に採用する傾向は強まるでしょう。さらに、AIやロボティクスの進展により、リモートワークや副業など、フレキシブルな働き方が広がることが予想されます。

これは妄想レベルの話になりますが、2050年、私の孫世代が大学生になるころ、コンビニや引越しのアルバイトの求人は無くなっているかもしれません。代わりに、そういった現場で活躍するロボットのプログラミングのバグ修正を、「スキマ時間」を使って学校のカフェでしている若者の姿を想像してしまいます。

そう、単純労働は消滅し、ITスキルやデジタルリテラシーがなければアルバイトすらできない時代がすぐそこまで来ているのです。

ALL ABOUT THE HUMAN RESOURCE BUSINESS

3 アルバイトに見る業種と賃金の関係

最近では物価上昇の影響もあり、アルバイト希望者はますます時給を重視する傾向にあります。これにより、時給の低い業種から高い業種へと応募が流れてしまい、人手不足が加速する業界や地域が出てきました。

北海道のリゾート地付近のとあるラーメン店は、時給2500円でアルバイトの募集を始めました。ラーメン1杯の値段は2000円で、外国人観光客を中心に繁盛しています。要するに、このラーメン店は儲かっていて、売り上げ拡大のためにさらに人手が欲しくなったのです。

一方、近くにある介護施設のアルバイトの時給は1100円。すると、この施設で働いていた人たちがラーメン店に流れてしまうという現象が起こり、介護施設の人手不足が加速しました。

さて、困るのは誰でしょうか。もちろん、介護を必要としているこの地域の高齢者です。しかしそれだけではありません。高齢者を親に持つ、時給2500円のラーメン屋さんで働くスタッフたちも、介護施設に家族を預けることができなくなってしまいます。

いったい誰が悪いのか、何が悪いのか。資本主義が悪いのか、それとも社会制度に問題があるのか。我々はこういった現実に直面しています。シリアスな話になってしまいましたが、あらためて、社会全体で考え直す必要があります。

厚生労働省のデータによると、2023年のパートタイム労働者の時給は前年比3・5%増の1294円。同一労働同一賃金制度や最低賃金の引き上げによって、アルバイトの時給は全体的には上昇傾向にあります。

ここからは、業種別に賃金の動向を見てみましょう。(就業人数および平均時給は、厚生労働省の「毎月労働統計調査　令和5年分結果確報」の「パートタイム労働者」の数値をもとに算出しています)

1．飲食サービス業等（レストラン、居酒屋、宿泊施設など）

飲食サービスに関わる仕事は、とりわけアルバイトが多い職種のひとつであり、特に学生に人気があります。直近のデータでは、約４３０万人が働いているとされています。平均時給は１１７４円です。

2．卸売業、小売業（コンビニエンスストア、アパレルなど）

コンビニやスーパーでの販売員としての仕事も非常に多いアルバイトです。特に、都市部では深夜シフトを含む長時間営業の店舗が多く、外国人労働者もこの分野で活躍しています。およそ４１０万人がこの業種でアルバイトをしていると見積もられます。平均時給は１１５８円です。

3．運輸業、郵便業（配送、ドライバーなど）

ＥＣサイトの利用増加に伴い、物流・運輸業でのアルバイトの需要も増加しています。倉庫でのピッキング作業や配送ドライバーの仕事が主流で、直近のデータでは約47万人がこの分野で働いています。平均時給は１２３４円です。

4．医療、福祉（クリニック、介護施設など）

超高齢社会である日本においては、介護関連のアルバイト需要は今後も増加が見込まれています。この分野でのアルバイト従事者は約270万人です。平均時給は1554円です。

5．製造業（工場作業など）

工場のライン作業や製品の組み立て、検査といった製造業でもアルバイトの需要があります。特に短期集中型の雇用が多いのが特徴です。製造業で働くアルバイトは約100万人程度です。平均時給は1155円です。

これらの業種では、フルタイムの従業員だけは現場が回らなくなっており、アルバイトの役割は非常に重要です。そのため、採用の需要はとても高い状況になっています。アルバイトに依存した事業モデルになっているといっても過言ではありません。

ALL ABOUT THE HUMAN RESOURCE BUSINESS

4 大学生のアルバイト事情

大学生のアルバイト事情は現在どうなっているのでしょうか。

私は学生時代、学校にいた時間よりもバイト先にいた時間のほうが多かった記憶があります（本当はよくないのですが）。

大学生の中には学費を稼ぐためにアルバイトを頑張る人もいますし、単なるお金を稼ぐ手段ではなく、社会勉強の場として力を入れる人もいます。また、「バイト仲間」という言葉がありますが、学校では出会えない色々な世代の人達と仲良くなることもあります。アルバイト先で彼氏・彼女ができたという方もいるでしょう。

学生にとってアルバイトは、いわば〝もうひとつの世界〟なのです。

全国で約１８７万人の学生がアルバイトをしていると言われています。これは、大学生全体の7割以上の数です。

人気職種は飲食店（カフェ、レストラン、ファーストフード店）やコンビニエンスストアなどの接客業です。飲食店はすでに、アルバイトがいないと成立しないビジネスモデルとなりました。半年、1年と続けると、任される仕事の範囲が広がり、それに伴って時給が上がる、もしくは店長と交渉して時給を上げてもらうという経験ができたり、職場で友人が増えたりします。

塾講師・家庭教師も人気のアルバイトです。短い時間で他のアルバイトよりも高い時給が貰えます。受験を目指して勉強する中高生が相手であるため、勉強方法を教えるだけでなく、センシティブなコミュニケーション能力も必要となってきます。受験当日の朝は、担当した教え子が受験会場に向かう途中の駅前に立ち、エールを贈るという話も聞きます。

コンサートや展示会などのイベントスタッフも人気です。単発のケースが多く、働いた翌日に給与が振り込まれるなど、急な入り用にありがたいアルバイトです。機材の搬入・搬出は力仕事です。あくまでもスタッフであるため、好きな曲が流れてきても仕事に集中しなければいけませんが、アーティストのコンサートに携われるのは貴重な機会でもあります。

コールセンターのアルバイトは時給が高く、なんといっても服装が自由なケースが多いのが特徴です。

「髪型・服装自由」「アクセサリーＯＫ」などと書かれている求人票が多いのではないでしょうか。私が過去に取材した際にも、おしゃれに敏感な学生がこの職種を選ぶという話を聞きました。また、未経験者でも募集をしていることが多く、丁寧な研修でビジネストークを習得することができます。

業務内容はセールスや督促の他、クレームの一次受付などと幅広く、仕事の性質上、メンタルも鍛えられます。

ここで紹介した職種はシフトの柔軟性が高く、学生のスケジュールに合わせやすいため、どれも人気があります。

アルバイトの労働時間は週10～20時間程度が一般的です。週３日程度、１日４～６時間のシフトが多い傾向です。学業との両立を考え、短時間で働ける職場が好まれます。また、夏休みや冬休みなどの長期休暇には、1日フルタイムで働く学生も増えます。

学生の給与の主な使い道は、「生活費の補填（食費や交通費、家賃の一部など）」「趣味や娯楽（旅行、趣味のアイテム購入、友人との外食）」「学費や資格取得（授業料や教材費、検定試験の費用）」「貯金（将来のために貯金する学生も多い）」となっています。

多くのアルバイト求職者が、「タウンワーク」や「マイナビバイト」、「バイトル」などの求人サイトを使用しています。

大学の掲示板やキャリアセンターでは、一般的な求人媒体では出回らない大学付近や学生寮近所の求人を探すことができます。また、部活やサークルの先輩・友人からの紹介の他、ＳＮＳを使う場合もあります。

最近はアプリを利用して探す「スキマバイト」も人気です。オンラインのリソースを活用し、自分のスケジュールに合わせ、すぐに働ける職場を効率的に探すのが主流となっています。

ALL ABOUT THE HUMAN RESOURCE BUSINESS

5

「１０３万円の壁」とアルバイト

主婦（夫）がパート・アルバイトをする場合、家事との両立を考えながら働く必要があります。

子育ての合間や家庭の都合に合わせて働くには、パートタイムの仕事が最適です。特にずっと家にいる子育て期間中は、何かと閉鎖的な気持ちになりがちです。パート就労を通して社会にコミットすることで、さまざまな世代やキャリアの人々と出会うことができます。

１９８０年代、専業主婦世帯は約１１００万世帯ありました。その後、女性の社会進出が促進されましたが、現在でも５００万世帯以上が専業主婦世帯です。

専業主婦（いわゆる勤労者の配偶者）は第３号被保険者として、自分で厚生年金や基礎年金の保険料を払わなくても老後に年金が支給されます。家計を助けるためにパートで働く場合も、その収入が一定の基準をオーバーしなければ、年金の支給は維持されます。そのため、いまだに多い専業主婦やパート主婦によって、パート・アルバイト市場が形成されているのです。

現在では、多くの主婦がパート・アルバイトをしており、その数は増加傾向にあります。地域、業種によって異なりますが、パートやアルバイトで働く主婦の平均労働時間は、週に15時間から30時間程度です。また、人気のある職種は小売店のレジスタッフ、飲食店のキッチンサポート、スーパーマーケットの品出しなどです。シフトの融通が利きやすく、短時間勤務が可能であるため、家庭との両立がしやすいというメリットがあります。

また、これとは別のパターンですが、最近では、正社員時代に働いていた会社にパート・アルバイト社員として復活するというケースも多く見られます。勤務経験があるため、会社側はその人の性格や得意分野を理解していますし、働く側も社風や社員を知っているので、初めからスムーズに業務に取り組めます。

参考までに、厚生労働省の「令和4年版　働く女性の実情」の中から、短時間雇用者(週35時間未満)のデータを紹介します。

勤務先として最も多い業種は医療・福祉業で２８７万人（22・５％）、次いで卸・小売業が２８５万人（22・４％）、宿泊・飲食サービス業が１４８万人（11・６％）、製造業が１０６万人（８・３％）となっています。この内、のかなりの割合がパート・アルバイトと推察されます。

ちなみに、主婦がパートやアルバイトで得た収入の使い道として多いのが、家庭の生活費や子どもの教育費です。その他、自分の趣味や美容に使うという人もいます。

仕事の探し方は学生と同じくスマホやタブレットが主流で、マイナビバイトやタウンワーク、バイトルなどには主婦向け特集ページが開設されています。最近ではアプリを活用するケースが増えており、育児の合間を利用して効率的に仕事を探すことが可能です。

主婦のパート・アルバイトの話と切っても切れないのが、「１０３万円の壁」と「１３０万円の壁」です。

「１０３万円の壁」とは、所得税が発生するボーダーラインのことです。夫の扶養に入っている妻の年収が１０３万円を超えると、妻自身が所得税を納める必要が生じます（※２０２４年10月現在）。

さらに、妻の年収が130万円を超えると、夫の扶養から外れることとなり、これを「130万円の壁」と呼びます。

もう少し収入を増やしたい。とはいえ、社会保険の扶養から外れない範囲で働きたい。そうなると、これらの壁を上限として所得計画を年単位で立てなければいけません。給与収入のラインを引き上げれば、時給の高い仕事に就くことができ、求人件数が多くなって選択肢も増えます。

主婦のパート・アルバイト事情は「職種」「時給」「扶養内」そして家事との両立といった複数の要素が組み合わさっているのです。

ALL ABOUT THE HUMAN RESOURCE BUSINESS COLUMN

就職氷河期世代とアルバイトの関係

この本を手に取っている就活生や若い世代の方は、「就職氷河期」という言葉をご存じでしょうか？

少なくとも、「聞いたことはある」「何となく知っている」という程度の認識はお持ちかと思います。ここでは就職氷河期世代がなぜ生まれ、どういったことに苦しみ、現在どのような状況にあるのか、社会背景を中心に説明したいと思います。

この章で触れてきたように、従来、パート・アルバイトは、学業がある高校生や大学生、家事がある主婦など、「本業」のある人たちがするものでした。もしくは、定年を迎え時間に余裕のある高齢者が、正規雇用をサポートするポジションの仕事として成立していました。これは日本の景気が実質的に良かったころの話です。

しかし1989年12月29日、東京証券取引所の大納会で、日経平均株価の終値が3万9815円の史上最高値をつけ、それをピークとして日本経済は悪化の一途をたどることになります。いわゆるバブル崩壊です。

ここを起点に、1993年あたりから、大企業を中心に新卒採用を大幅に減らす会社や見送る会社が増え始めます。

就職氷河期世代は、この1993~2004年に18~22歳の時期を過ごした人々です。通常であれば新しい門出に立つはずのこの時期が、彼らにとっては苦難の時となりました。このころ団塊ジュニアの大学生が200万人を突破、学生数が増加していったことで低迷は長期にわたりました。大手企業のグローバル展開で需給バランスが崩れてしまったことも低迷の要因です。

これにより、失業率は上昇し、非正規雇用が増えました。労働政策として雇用調整がしやすい非正規雇用を増やす方向になったのです。

またこのころ、労働者派遣法が改正されました。派遣業種が原則自由化され、2000年に紹介予定派遣がスタート。2004年にはそれまで禁止されていた製造業の派遣が可能となりました。こうした法改正も非正規雇用の増加を後押しして、若年層の完全失業率が上昇しました。

新卒で正社員として働くことが叶わなかった氷河期世代の中には、企業ニーズが増えていく非正規雇用として、不本意ながらアルバイト市場に流入する人もいました。

泣く泣くバイト生活をはじめた就職氷河期世代。彼らは自分の将来に明るいプランを見いだせないまま、数年、十数年を過ごす「負のスパイラル」に入ってしまい、気付けば40代や50代を迎えることになります。

現在、氷河期世代の中心となる40~50代は、約１６００万人存在しています。労働構造の中での割合は2割超。アルバイトをはじめとした非正規の待遇で働いている人たちは約３８０万人です。

２０１９年にようやく政府は「就職氷河期世代支援プログラム」を開始しました。その対象となるのは、就職氷河期に希望する就職ができず、現在も不本意ながら不安定な仕事に就いている人または無職の状態にある人です。

主要メディアはあまり大きく報道していませんが、現在では約100万人程度がこうした状況で苦しんでいると見込まれています。

当初、「就職氷河期世代支援プログラム」は就職氷河期世代の正規雇用者を3年間で30万人増やすことを掲げていました。しかし、この問題はまだ解決していません。

将来のキャリアパスが描けない、結婚したくてもできない、生計を立てるのが難しい——就職氷河期を生んだ問題は、今も続いているのです。今後も社会全体で考えていかなければなりません。

第3章

就活生から学ぶ 就職活動の世界

Chapter 3 :

The world of job hunting

ALL ABOUT THE HUMAN RESOURCE BUSINESS

1 コロナ禍で変わった採用倫理と「しごと観」

就職活動も時代とともに大きな変化を遂げてきました。

特に新型コロナウイルス感染症の流行による影響は大きく、求人企業の採用活動のスタイルや学生の就職活動の方法、ひいては企業倫理や学生の「しごと観」にも大きな変革をもたらしました。日々接している若者たちからも、それを感じます。

私が経営する出版社には、学生アルバイトが常時数名います。

大学2年生で入った学生スタッフが3年生になり、緊張した面持ちで就職活動を始めます。そして4年生の秋口までに内定をもらい、笑顔になっていく過程を見守ってきました。

今でも印象に残っているのは、学生アルバイトAさんの就職活動の仕方です。ほとんどの学生がネット情報に振り回されながらエントリーシートを１００社以上に乱射している中、Ａさんはコロナ禍で分断された生活環境を逆手に取り、自分自身の「内省」を始めました。

「何がやりたいのか」「何ができるのか」「自分の強みは何なのか」、自分とじっくり向き合い、自分にとっての入社基準を確立したのです。

その基準は、「企業理念などから読み取れる社会貢献の意識が高いか」「事業内容が自分の好みか」「通勤時間でモチベーションが下がらないか」などといったものでした。そうして絞り込んでいった結果、実際にエントリーすることになった企業は5社。エントリーから内定取得までの期間はわずか3ケ月でした。

信念に基づいたAさんの就職活動には、本当に頭が下がる思いがしました。コロナ禍を機に、学生のしごと観は大きく変わったのだと思います。

ちなみにAさんは、学業が優秀で3年生の内にすべての単位を取得して繰り上げ卒業し、入社までの1年間はアルバイトとして当社をかなりサポートしてくれました。

コロナ禍で変わったのは学生のしごと観だけではありません。企業の採用倫理もその影響を受けました。

現在に至るまで、企業は採用活動を通して熾烈な人材獲得戦を繰り広げてきました。そこにはさまざまな課題が存在しています。

そのひとつが、「候補者に対しての不合格理由はどれくらい詳しく伝えるべきなのか？」という問題。現在、細かいメジャメントは存在しません。不採用の理由を詳細に伝えるべきでしょうか。基本的に、不採用通知を受け取れば、人は落ち込んだり傷ついたりするものです。1通ならまだしも、もし40通も来たらどんな気分になるでしょうか。私なら現世から逃亡したくなります。

例えば、Aさんと同じくコロナ禍で就職活動を強いられた学生スタッフのBさんは、何十社ものZｏｏｍ面接で不採用が続いていました。

「画面越しの15分で、自分の存在を否定された」「ありきたりな定型文で断られた」――4年生の年末になっても内定は出ず、年が明けるころにはすっかり顔色も変わってしまいました。そのうち、「もう何も感じない」と言い始め、接するたびにこちらまで辛い気持ちになりました。

確かに、採用側の企業にもコストパフォーマンスの問題があるでしょう。しかし、相手は社会を知らない学生です。厳しい世の中の洗礼を浴びせるという考え方もあるかもしれませんが、私は違うと思います。効率や結果を追い求めた結果、企業としての「倫理」や「規範」が後回しになっているように見えるのです。

もちろん、不合格理由などを詳細に伝えて、相手がさらに傷ついてしまうという可能性も十分ありえます。正解はまだ見つかっていません。しかし、嘘と建前をやめ、誠意をもって正直な態度を示すだけでも、不採用者は通知を受けた翌日から気持ちを切り替えて頑張れます。

多くの企業が「当社は製造業なので理系の成績を選考基準にします」「インターンシップは採用の評価基準です」などと明示する日は来るのでしょうか。企業倫理においては、「採用活動＝不採用活動」という意識が求められるような気がします。

ちなみにBさんはその後、数社の内定を勝ち取り、笑顔を取り戻して大学卒業まで当社で頑張ってくれました。

ALL ABOUT THE HUMAN RESOURCE BUSINESS

2 就活スタイルの変遷

大学生の就職活動に大きな変化をもたらしたのは、やはり2020年に発生した新型コロナウイルスの流行です。オンライン面接や合同説明会の中止など、多くの学生が前例のない環境で就職活動をスタート。求人企業は暗中模索の中、新卒採用者の獲得に果敢にチャレンジしました。

ここからは、コロナ禍の前後で変わった就活スタイルについて見ていこうと思います。

1．コロナ禍前の就職活動（2019年まで）～紙からネットへ～

日本の就職活動は、大学3年生の夏ごろから本格的に始まります。

従来の流れでは、多くの学生は大学のキャリアセンターを活用し、就職説明会や企業のインターンシップに参加することからスタートしていました。大手企業ではリクルーター制度が活発に利用されており、大学ごとに指定されたリクルーターを通じて学生とコミュニケーションをとっていました。

合同企業説明会や企業が個別に開催する説明会が重要な役割を果たしていることが一般的でした。私もそうでしたが、こうした場で直接企業担当者と接触することが多く、対面でのコミュニケーションを中心に就職活動をしていました。

提出するのは紙のエントリーシートや履歴書。面接も対面で行われることが主流でした。就職活動の情報収集は、新聞や雑誌、各大学のキャリアセンターで提供される資料が中心でした。

その後、２０００年代初頭から、紙媒体中心の情報収集がインターネットへと徐々に移行し始めます。

リクナビやマイナビといった就職情報サイトが普及し、就活生はオンラインで企業にエントリーシートを提出するようになりました。また、企業の採用情報や説明会情報もウェブ上で確認できるようになり、就職活動の手続きの大部分がインターネットを介して行われるようになりました。それでもコロナ禍前までは、企業説明会や最終面接などの重要な場面で、対面でのやり取りが基本でした。

2. コロナ禍の就職活動（2020～2022年）～オンライン就活の急速普及～

2020年に始まった新型コロナウイルス感染症の流行は、日本の就職活動に大きな影響を与えました。

特に2020年の大学4年生は、突然のパンデミックの影響で従来の対面型の活動が制限され、オンラインへの移行を余儀なくされました。

企業説明会や面接は、ほぼすべてオンラインで行われるようになり、ZoomやMicrosoft Teamsなどのビデオ会議システムが主流となり、学生は自宅からオンラインで企業とやり取りをするようになりました。これにより、移動時間が削減され、地方の学生でも都市部の企業にアクセスしやすくなるという利点が生まれました。

しかし一方で、オンライン特有の技術的トラブルや画面越しでは伝わりにくいコミュニケーションの難しさも浮き彫りになりました。

オンラインでの採用活動が急速に普及したものの、企業も学生も当初はその対応に苦労しました。

特に、対面でのやり取りに比べてオンライン面接では人柄や雰囲気を感じ取りにくく、学生にとっては自己アピールが難しく感じられることが多かったようです。また、企業側でも採用基準を見直す必要が生じ、人事部門のオンライン面接対応力が問われました。

オンライン就活では、従来のインターンシップや会社見学が中止されることも多く、学生が企業の内部事情や職場環境を知る機会が限られるという課題もありました。中小企業の中には、オンライン対応の遅れが響き、採用活動そのものが停滞するところもありました。

３．コロナ禍後の就職活動（２０２２年以降）～ハイブリッド型就活の定着～

２０２２年以降、コロナ禍が収束するにつれ、日本の就職活動も対面型の活動が徐々に再開されました。しかし、完全に以前の形に戻ったわけではありません。オンラインと対面の「ハイブリッド型就活」が現在では主流となっています。

企業説明会や一部の面接はオンラインで行われつつも、最終面接や重要な局面では対面でのやり取りが復活しました。これにより、学生はより柔軟に就職活動に参加できるようになっています。企業側も全国の学生に対して採用の門戸を広げることができるようになりました。

ALL ABOUT THE HUMAN RESOURCE BUSINESS

3 人気業界と初任給

日本における新卒の人気業界は、経済状況や社会的トレンドの影響を強く受けています。

1980年代から現在にかけての経済紙の就職人気業界ランキングの変化を見ると、時代とともに業界の人気が大きく変わっていることがわかります。

1980年代は、文系学生の人気職種は銀行、証券、商社などの金融関連業種が中心でしたが、1990年代以降は、ITブームとともに情報技術関連の企業が急上昇しました。

2000年代に入ると、サービス業や消費財産業が強くなり、特に食品メーカーや旅行・レジャー業界が上位にランクインするようになりました。

2010年代には、経済不況やリーマン・ショックの影響を受けて安定志向が強まり、食品業界や生活密着型のサービス業が人気を集めました。

しかし、2020年の新型コロナウイルスの影響で、旅行や航空業界などが一時的に人気を失い、生命保険や損害保険などの金融業界が再び注目されるようになりました。

2020年代に入っても、製造、IT・ソフトウェア業界は依然として高い人気を誇っています。特にデジタル化の進展が顕著なこんにちでは、情報処理やソフトウェア開発に関連する職種がランキングの上位を占めています。

興味深いことに、就職活動を始めたばかりの就活生の志望業界には、いつの時代も消費者として何らかのかたちで触れたことのある業界が上位に入ります。おそらく、彼らはまだ「BtoB」の世界を知らないのでしょう。

このように、新卒者の就職人気業界ランキングは時代とともに変化してきました。経済状況やデジタル技術の進展、社会のニーズに応じて変わってきているのです。これを踏まえると、就活生や第2新卒者は、その時代時代に合わせて柔軟なキャリアプランを考える必要があります。

では、実際に就職した後の初任給はどうなっているのでしょうか？　その変遷について見ていきましょう。

産労総合研究所が毎年実施している決定初任給調査によると、2024年4月入社者の初任給を引き上げた企業は、前回の2023年度比で7・5ポイント増の75・6％になりました。同様の問いを設けるようになった1997年度以降、最も高く、27年ぶりに7割を超えたといいます。

引き上げた理由としては、「人材を確保するため」が3・3ポイント増の73・5％で最も多い回答でした。また、2024年度決定初任給額（2024年4月に確定した初任給）は、大学卒（一律）が22万5457円、高校卒（一律）が18万8168円でした。

大卒初任給は1980年代の初めは10万円台の前半でした。1990年に向かって上昇しましたが、その上昇率はかなり緩やかなものでした。2000年代後半から再び徐々に上昇し、2010年代には20万円台前半に達しました。

直近の初任給の上昇の背景には、労働市場の急激なバランスの変化（物価高と人手不足）、特に新卒者に対する需要の増加があります。新卒採用における人材確保の必要性が高まる中、多くの企業が優秀な人材を獲得するために初任給の引き上げを実施しているのです。

また、産業別に見ると、製造業と非製造業の初任給の改定率には依然として差があり、製造業では、非製造業よりも積極的な初任給の引き上げが行われています。こうした引き上げ傾向は当面続くものと考えられています。

今後も、デジタルトランスフォーメーションの進歩や産業構造・経済環境の変化に応じて、初任給の構造は変化していく可能性があります。

ALL ABOUT THE HUMAN RESOURCE BUSINESS

4

就活ツールはこう変わった

毎年、約40万人を超える学生が就職活動に尽力しています。

業界分析、興味を持った企業のリスティング、エントリーシートの提出、そして書類選考、SPIなどの適性検査、面接選考、グループディスカッションなどなど。内定を目指して、就活生はやることがいっぱいです。連続してよくない結果が出れば、メンタルに影響し、情報管理が上手くいかなくなることもあります。

最近は、新卒採用の時期や選考方法に変化が出てきました。早期採用（3〜6月）やサマーインターンシップを実施して、採用活動を前倒しにする企業が増えてきたのです。併せて、就職活動に使うツールも変化しました。かつてはエントリーや情報収集にはパソコンを使っていましたが、現在は完全にスマートフォンにシフトしています。

この節では、学生から支持を集めている就活サイト、「マイナビ」と「ＯＮＥ ＣＡＲＥＥＲ」をご紹介します。

「マイナビ」は文系・理系含め、約半数の学生に利用されています。「ＯＮＥ ＣＡＲＥＥＲ」は、最近人気が上昇している注目の就活サイトです。こちらは全体の2割近い学生に利用されています。

「マイナビ」は、アプリの利便性と求人企業3万件を超える掲載数が特徴です。ＣＭなどによる知名度もあります。

就活分野のフロンティア企業であり、さまざまな世代に利用され、学校のキャリアセンターからも推奨されていることで、就活生から信頼を集めています。「マイナビ」の「My CareerBox（マイキャリアボックス）」は、エントリーシート作成・提出などの煩雑な作業をサポートしてくれます。また、求人企業が掲載する内容の自由度が高く、各社アピールしたいことを好きな視点で掲載できます。そのため、会社紹介記事では、求人企業は社風や文化をアピールしたり、「社長メッセージ」を載せたりすることもできます。求人企業が就活生に向けて自由に表現できるのです。

新卒サイト市場では、「マイナビ」は「リクナビ」と双璧をなす大手就活サイトです。

これらは、大学のキャリアセンターが学生に「まずはエントリーしてください」と伝えることが多いサイトです。

新興サイトとして特に存在感が出てきたのが「ＯＮＥ ＣＡＲＥＥＲ」です。２０１５年8月に設立した若きＩＴ企業であるワンキャリアが運営しています。

「ＯＮＥ ＣＡＲＥＥＲ」では就活生の活動状況を「初期（何をしたらいいのかわからない）」「中期（興味のある業界や企業を探している）」「後期（これからインターン・選考が始まる）」に分け、それぞれのステータスにいる就活生をリードします。また、エントリーシートの作成支援サービスの他、過去の就活生の体験談や内定獲得者のエントリーシートを共有できることが特徴です。掲載件数は5万件に達しようとしています。今後の成長に注目度が高まるばかりです。

今後も、新卒の人材獲得は人手不足とテクノロジーの進展にともない激化していきます。就活プロセスも、さらに前倒しになっていくのかもしれません。

ALL ABOUT THE HUMAN RESOURCE BUSINESS

5

外国人留学生をどう受け入れるか

近年、日本国内の留学生の就職状況は変化しています。

少子高齢化が進む日本では、労働力不足は深刻な課題です。そのため、外国人労働者の受け入れはますます重要視されており、日本国内での留学生の就職は、政府の労働政策や企業の採用ニーズの影響を受け、緩和・拡大の傾向にあります。

現在、日本国内の留学生は約28万人。その内、約3万5000人が就職をしています。主な国籍の内訳は中国、ベトナム、ネパール、スリランカ、韓国などです。2019年のデータでは約2万5000人でしたので、わずか5年間で約1万人も増加したことになります。

留学生が就職するには、在留資格を「留学」から「技術・人文知識・国際業務」などの就労可能なものに変更しなければなりません。現在、「技術・人文知識・国際業務」の在留資格を持つ人は約2万8000人。全体の約8割以上を占めています。最近では「特定技能制度」が外国人労働者の就労支援制度として注目されています。これは日本の深刻な人手不足の状況に対応するため、一定の専門性・技能を持った即戦力となる外国人を受け入れることを目的としたものです。

この「特定技能」とは、2019年に創設された在留資格です。技能移転による国際貢献を目的とする「技能実習」とは異なり、人手不足を解消するための労働力確保を主な目的としています。国内人材を確保することが困難な状況にある産業分野において、一定の専門性・技能を有する外国人を受け入れるのがねらいです。

技能実習が職種や作業によって受入れの可否が決まるのに対し、特定技能は分野別に就業できるかどうかが決まります。特定技能1号で12分野、特定技能2号で2分野が認められています。

また、技能実習の場合は単純労働ができませんが、特定技能であれば単純労働を含む業務に携わることが可能です。

２０２３年12月時点で就職先の業種の内、多くを占めるのは、卸売業・小売業、学術研究、専門・技術サービス業などの非製造業で3万９５０５人（84・４％）。対して、金属製品や食料品などの製造業は７１３１人（15・２％）となっています。

職種については、翻訳・通訳が８７９２人（16・１％）と最も多く、次いで情報処理・通信技術の４１８３人（７・７％）、企画事務（マーケティング、リサーチ）の４０３６人（７・４％）、管理業務（経営者を除く）の３８１３人（７・０％）という順になっています。これら４職種に従事する人は２万８２４人で、全体の38・２％を占めています。

また、就職先の所在地は東京、大阪、神奈川、埼玉、愛知、千葉が多く、中小企業が中心です。

日本国内で就職を目指す留学生は、日本語を習得しているバイリンガル人材。彼らのスキルは、アジアパシフィックエリアに事業活動を拡大していく日本企業にとって、大きなアドバンテージとなります。

日本で生活しながら日本文化やビジネス習慣を学んでいることや母国の人脈があることも、就職活動では有利です。

一方で、以前より留学生の就職には大きな2つの課題があります。

まずひとつ目が言語の壁です。日本の企業で働くには、高い日本語能力が必要とされます。特に、ビジネス現場でのコミュニケーションを求められる企業では、日本語能力試験（JLPT）の最高レベルであるN1やそれに準ずるN2を条件とするところも少なくありません。

そしてもうひとつの課題が、文化的なギャップです。日本の企業文化には、従業員に対して厳しい規律や上下関係を重んじる慣習があります。外国人労働者にとって、これに適応するのは一苦労です。暗黙のルールに戸惑う人も多く、これが離職率の高さにつながっているのです。

これらの課題に対処するため、日本政府は留学生のビザを以前より取得しやすくしました。さらに、企業向けに外国人採用のノウハウを提供するセミナーやキャリア支援プログラムも行われています。また、採用企業も外国人留学生を対象とした就職フェアの開催やインターンシップ制度を充実させるなどの努力もしています。

外国人採用に向けた意識改革が急ピッチで進んでいるのです。

ALL ABOUT THE HUMAN RESOURCE BUSINESS COLUMN

21世紀は青田買いでも間に合わない

　採用活動における「青田買い」とは、ご存じの通り企業が早いうちに優秀な学生と雇用契約を結ぶことを指します。

　時は21世紀。前時代とは比べ物にならないほど技術革新が加速し、産業構造も変化しています。加えて、少子高齢化に伴う深刻な人手不足。人材を求める企業は青田買いでも間に合わなくなってきました。長い間、終身雇用制度が主流だった日本では、「学生は学業が本業！　仕事は社会に出てから学ぶもの」という考え方が定説でした。そのため、日本の求人企業の人事部は、人材確保のために早期に就活生にアプローチすることができませんでした。

　結果的に、就職活動をスタートする大学3年生は、突然「希望する業界を絞り込みましょう」「適正検査を受けて、自分の適性を知りましょう」と業務指示のように大学のキャリアセンターから通達されます。人生の岐路に初めて立たされた学生たちの声を代弁するなら、「希望業界、希望職種なんていきなり言われても訳がわからない！」というのが本音でしょう。この現実は長らく常態化してきました。いわば人生の「希望」と「妥協」を約1年で決めなければいけない状態なのです。

人材ビジネス会社はこうした状況に着目し、「しごと観」の早期教育に取り組み始めました。国内最大手の人材企業であるパーソルグループが東京都と連携して開催した「ジョブキャンプ2024」もそのひとつです。

東京都教育庁が主催するジョブキャンプは、都立高校生を対象としています。高校卒業後の進学先や実社会で接するさまざまな課題。そこで必要となる力を身に付けることが、この取り組みのねらいです。都内の企業で職場体験を実施し、社会的実践力を持つ人材を育成します。

パーソルテンプスタッフは職場体験会で、高校生たちに企業広報の仕事を体験してもらいました。社内で働く社員を取材し、社員紹介の記事を作成する仕事です。質問項目を話し合い、インタビューを実施。記事のレイアウトや写真の編集などを経て、社内報の記事を完成させました。

さまざまな社員と出会い、働く楽しさやキャリア選択についての理解を深めた高校生たちからは、「社会人としてのキャリアと責任、仕事への熱量を感じ取ることができた」「将来の視野が広がった」などの感想が寄せられました。

第4章

悩める若者から学ぶ転職活動の世界

Chapter 4 :

The world of career changes

ALL ABOUT THE HUMAN RESOURCE BUSINESS

1

「入社3年で3割離職」は20年間常態化

入社後3年以内に離職する大卒者の割合は、過去20年間、概ね3割前後で推移しています。先に結論を言ってしまうと、これは日本経済が失速して、会社と社員の関係、仕事と個人の関係が変わってしまったことに由来します。

1980年代、まだ日本の景気が良かったころは、求人が多く、企業の採用基準が引き下げられていました。

企業にはまだ体力があり、「やる気」さえあれば会社が面倒をみてくれた時代です。社員数が売上に直結していたため、多くの学生を採用し、「辞めさせない人事」が主流でした。当然、離職率も低下します。

反対に不景気には求人が減り、採用基準は引き上げられました。学生は、不本意ながら志望に合わない企業に入社する「不本意就職」をせざるをえなくなり、離職率が上がりました。

1990年代、とうとうバブルが崩壊し、製造業の就業者数が激減しました。その一方でサービス業への就業者数が増加。製造業では、終身雇用が色濃く残ります。長期的視点で人材育成をしており、福利厚生も手厚いため、離職率は低い傾向でした。反対に飲食業界などのサービス業は早期離職率が高く、どんどん採用しなければ間に合わなかったため、積極採用を続けたのです。

そして2000年代に入り、終身雇用や年功序列と呼ばれる日本の雇用制度が崩壊し始めます。このころから成果主義が注目されるようになったのです。

こうして、システマチックな人事制度に基づいて右肩上がりで昇給する将来は来なくなりました。この現実を目の当たりにし、「こんな会社、辞めてやる！」と若者の早期退職に拍車がかかります。

会社に人生を預けることができなくなった就活生は、「自分の人生＝仕事＝キャリア」は自分で設計しなければいけないと考えるようになりました。そして「働きがい」を重視した就職活動を始めます。

キャリアに対する意識が高い学生ほど、会社に固執せず、スキルを身に付けたいと考える傾向にありました。

思っていた仕事ではないからと、安易にダイレクトリクルーティングで転職してしまい、結果的にキャリアが積みあがらなかった話も多く聞きます。

入社3年目の若手は、ダイレクトリクルーティングを活用して転職すれば、自分に合わない会社でこの先何十年とくすぶった時間を過ごさずに済むかもしれません。企業もミスマッチングな社員を何十年も抱えずに済みます。

しかし、「入社3年で3割離職」は、直属の上司や先輩がきちんと向き合うかどうかで決まると思います。若手社員にとって、働きがいの要素を占めるのは「上司・先輩が自分の仕事を認めてくれるか」「所属チームの一員として頑張れているか」「仕事の仲間がいるか」だからです。

木を見ても森を見ることができない入社3年生の「目」となり、森の景色やその素晴らしさを教えることが、上司や先輩の仕事です。そういった人材が会社にどれだけいるかがこの課題を乗り越えるポイントではないでしょうか。

ALL ABOUT THE HUMAN RESOURCE BUSINESS

2

手軽になった引越し感覚の転職

ダイレクトリクルーティングの登場によって、転職市場は大きく成長しました。

ダイレクトリクルーティングとは、企業が求人広告を出すのではなく、求職者に直接アプローチする手法です。例えばLinkedInやSNSを利用して、求職者のプロフィールを見て直接連絡を取ります。

従来の求人手段は、求人広告やメディア等に求人内容を掲載し、求職者からの応募を待つスタイルでした。近年は、労働人口の減少や売り手市場が続いたことで、転職潜在層に対しても積極的なアプローチをするようになったのです。

求人企業はダイレクトリクルーティングを使い、積極的に人材を探し出してアプローチします。

適性の高い人材が見つけやすくなり、迅速な採用が可能になることが利点です。そしてこの手法は、転職だけでなく新卒採用にも拡大しました。その一方、プライバシーに関する懸念や求職者が望んでいないタイミングでの連絡が問題となるケースもあり、利用する企業側には十分な注意が必要です。

転職市場の7割が、転職に対して関心を持ちながらも実際には転職活動をしていない「転職潜在層」です。企業から来たスカウトメールを見て考え直し、転職に至ったという話もよく聞きます。転職活動中の顕在層だけでなく、潜在層にまでアプローチを広げたい企業にとって、ダイレクトリクルーティングはもってこいの手法なのです。

これが普及することは、若年層にどう影響するのでしょうか。

求人誌の中から行きたい転職先を決め、自ら書類を送付し「仕事を獲得しに行く」かつてのプロセスは、まさに「ジョブハンティング」でした。今ではプラットフォームに自分のキャリア情報をアップしておき、興味を示した企業からのアプローチを待つことが主要な転職プロセスになりました。

結婚に置き換えるなら、プロポーズをする側がされる側に変わったイメージです。買い手市場から売り手市場になったことが大きな要因のひとつと言えます。

別の節でも触れていますが、転職をポジティブに捉えている20代は増加傾向にあります。入社3年の第2新卒をはじめ、キャリアの初期段階で他の会社で働く選択肢を持つことが手軽になりました。20代のミドルパフォーマーからハイパフォーマーは、自己のキャリアパスを広げる機会になるとわかれば、躊躇なくスカウトメールを開封します。

こうして彼らのキャリアに対する悩みを見落とした会社や見過ごした会社は、貴重な若き人材を他社に流出させていくのです。「石の上にも3年」どころか、1秒でも過ぎれば隣の石に行ってしまう時代です。

ダイレクトリクルーティングは、利用企業にとっても、キャリアに積極的な若者にとっても、非常に強力な武器となりえます。異なる文化やライフスタイルを体験するように、引越し感覚で転職ができるようになったのです。

ALL ABOUT THE HUMAN RESOURCE BUSINESS

3

「転職すれば給与が上がり幸せになれる」という錯覚

「あなたのキャリアを正しく評価してくれる会社があります」「プロのエージェントがあなたの未来をサポートします」――耳触りの良いキャッチフレーズのＣＭが、毎日流れてきます。

「転職すれば幸せになれる」という考えは、はっきり言って錯覚です。

確かにキャリアアップして新しい職場でのリスタートに期待を抱くことは自然なことです。しかし、転職が必ずしも幸せにつながるわけではないという現実を知っておくことが重要です。

まず、転職のポジティブな側面について考えてみましょう。

転職は、新しいスキルを身に付けたり、これまで経験したことのない業務に挑戦したりする機会を提供してくれます。また、より良い職場環境を求めて転職することでストレスが軽減され、仕事と日常生活のバランスの取れた健康的な働き方を取り戻すことができます。現在の職場が長時間労働やストレスフルな人間関係に追い込まれている場合、転職はひとつの解決策となりえます。

一方で、転職によってすべての問題が解決されるわけではないことには注意を払う必要があります。

まず、転職をする動機が「なんとなく今の職場がつまらないから」「友人が転職して楽しそうだから」といった曖昧なままでは、たとえ転職できたとしても、その後もあいまいな動機で転職を繰り返す可能性が高くなります。職場の人間関係が原因で転職しても、転職後の職場でも似たような人間関係の悩みに直面するというのはよくあることです。また、仕事に対する価値観や働き方に一貫性がない場合、次の職場でも満足感を得るのは難しいでしょう。

「転職すれば幸せになれる」という幻想を抱いてしまう背景には、現代社会の情報過多が一因として挙げられます。

ＳＮＳやインターネット上には、転職成功者のストーリーが溢れかえっています。彼らは転職をきっかけに年収が大幅に増え、キャリアも順調に進んでいるように映ります。しかし、これらの成功事例はコマーシャルであり、良い部分だけが切り取られていて、実際にあった転職後の苦労については語られていません。これは当たり前の話です。

しかし、今の仕事がうまく行かず精神的に不安定な時は、どうしても他人の芝生は青く見え、自分自身が進むべき道を見失って安易に転職してしまうリスクがあるのです。

さらに、転職後も新しい職場に適応するためには、多大なエネルギーと時間が必要です。新しい人間関係を築き、企業文化を理解し、仕事の進め方に慣れるまでには、場合によっては数カ月から1年以上かかることもあります。この過程で、予想していた以上のストレスを感じることもあり、逆に不満が増す場合もあるのです。

転職によって得られる幸せは一時的であることが少なくありません。最初は新しい環境に対して興奮や期待感が高まるものの、しばらくするとそれらは薄れ、再び日常の業務に追われるようになります。このサイクルが繰り返される中で、「転職さえすれば幸せになれる」という錯覚は崩れます。

高度な技術を有する技術者やアナリストなどの中には、戦略的に短期間で転職を繰り返すことでキャリアアップをする人たちもいます。しかし、安易な転職を重ねるだけでは悪い意味の「ジョブホッパー」になってしまいます。

「石の上にも3年」という言葉は、約2000年前のインドの修行方法に由来したものとされています。いつの時代も「辛いことでもあきらめずに続ければ成果が得られる」という本質を忘れてはいけません。

ALL ABOUT THE HUMAN RESOURCE BUSINESS

4

増加する正規雇用の転職希望者

ここからは、転職市場の全体像についておさえていきましょう。

近年、転職市場は活況を呈しています。コロナ禍前の２０１８年ごろがピークだった転職者数ですが、２０２１年を境に再び増え始めました。２０２４年の１～３月期で見ると、「過去１年間に転職の経験を持つ人」の数は３１３万人に至りました。

転職希望者数も正規雇用者を中心に増加。２０２０年以降は、正規雇用の転職希望者数が非正規雇用の転職希望者数を上回るようになりました。それまでは少なかった正規雇用から正規雇用への転職が、コロナ禍を機に大幅に増加しています。年齢別に見ると、転職希望者全体の内、35歳未満の割合が高くなっています。

転職市場が活況な理由には、リーマン・ショック時代に希望企業に就職できなかった「不本意就職」世代が転職を希望していることや企業間での給与・働き方の処遇格差の広がりの影響があると考えられます。それに加え、ダイレクトリクルーティングなどの転職支援サービスの充実も作用しているでしょう。

これにより、2022年度の職業紹介事業の市場規模は7000億円を超えました。約20年の間におよそ7倍の成長をしたことになります。

かつては企業の倒産や定年等に伴う会社都合の転職理由が目立ちましたが、コロナ禍収束後は自発的な転職が増加傾向にあります。転職後の満足度も高く、60%以上が満足感を示しています。

業種別に見てみると、コロナ禍時に落ち込んでいた宿泊業や飲食サービス業を含む対面型サービス、製造、卸小売等への転職者数は再び増加傾向にあります。

異業種からの転職者数と同業種からの転職者数を比較すると、コロナ禍前後での大きな変化は見られませんが、依然として同業種内での転職が半分以上を占めていることがわかります。

２０１６年から２０２３年の期間で見ると、転職者数の多い業界は、卸小売、医療福祉、製造、対面型サービスとなっていました。この内、医療福祉は同業種からの転職が多く、卸小売は異業種からの転職が多い傾向にあります。その他、農林水産業・鉱業、学術研究等と不動産業も異業種からの転職が多い業種となりました。

接客に人員を配置せざるを得ないサービス業をはじめ、依然として労働力不足の業種はあるものの、転職による労働力の移動は深刻化する人手不足を緩和する面もあります。政府は、リスキリングやキャリア形成支援を通じて、成長分野へ労働力移動を促進する方針を掲げています。

ALL ABOUT THE HUMAN RESOURCE BUSINESS

5 ― 求められる「広い視野」と「説明力」

人材紹介では、紹介先企業と求職者の認識のズレを調整する仕事が多くを占めます。とても難度の高い仕事です。ここでは実際にあったエピソードを例にお話しします。

話は2021年にまで遡ります。以前から人手不足が深刻な医療・介護・保育業界では、人材確保のために紹介事業者を利用するケースが定着していました。しかし、実際に利用した一部の施設から、「紹介手数料の負担が大きい」「紹介された就職者が早期に離職してしまう」などの声が上がってくるようになりました。

人手不足で苦しむ介護現場は常に懐事情が厳しい状態です。そもそも医療・介護・保育の報酬の財源は、基本的に公費で賄われています。このような経緯から、「紹介手数料が高過ぎるのではないか」という話にまで発展しました。

人材紹介の基本的なシステムでは、求職者が受け取ることになる年収の20～30%を紹介手数料とします。これはどの業界でも一般的な相場です。人材獲得が熾烈な建築業界では施工管理責任者の紹介料が40%を超えたという話もあります。

ではなぜ紹介手数料が高いと思われたのか。それはおそらく次の2つによるものです。まず、紹介先施設が紹介料の相場を踏まえ、自施設の収支と採用コストのバランスを経営的な視点で捉えることができていなかったこと。もうひとつは、一部の悪質な事業者が「短期で辞めて次の職場に転職すれば『お祝い金』を支給する」と言って、求職者を短期間でジョブホップさせていたことです。

人材紹介会社は、担当する業界の相手が人材紹介というマッチングサービスを正確に理解しているかを確認し、なぜその金額の紹介料なのかということについて、しっかりと説明しなければいけません。また、その業界の離職率や育成システムを理解した上で、紹介依頼を受ける必要があります。

さらに求職者には、なぜ求人依頼が来ているのか、なぜこの業界は人材不足になっているのかをきちんと説明しなければいけません。

例えば介護業界であれば、今後、処遇改善をされる可能性があるのか、医療業界であれば、職場でのＡＩ技術の活用やＩｏＴの導入が今後どのようなペースで進んでいくのかといったところまで情報をキャッチし、求職者にリリースすべきです。

事例としてお伝えした医療・介護・保育業界は、私たちの生活にとって大きな役割を果たしています。

人手不足で悩んでいる業界が発展していくためには、人材紹介のシステムを理解することが必須です。医療・介護・保育業界は、紹介手数料の問題を一度きちんと整理しなければならないでしょう。また、有効求人倍率が高い業界だからこそ、紹介手数料の問題だけでなく、介護報酬の引き上げや魅力ある職場環境作りにも着手する必要があります。

それぞれの業界が抱える人手不足の本質的な課題とも、紹介事業者は向き合っていかなければいけないのです。紹介事業者は理解の浅い求人企業や求職者に対して、更なる説明努力が必要になると思います。

ALL ABOUT THE HUMAN RESOURCE BUSINESS COLUMN

Z世代のテレアポ苦手意識

「最近の若者は」という言い回しは、古代ギリシャ時代からあると聞きます。そんな歴史と伝統のある言葉を、私も最近使うようになりました。

世代名で言うと私は「ジェネレーションX」。テレビや雑誌で育ち、デジタルガジェットもやや使える世代ということになります。その後、デジタルパイオニアの「Y世代」「Z世代」と続き、私の孫の代には「α（アルファ）世代」になるそうです。

話を戻すと、今の20代はZ世代、つまりデジタルネイティブであり、さまざまなガジェットやアプリの使い手です。小さい時から瞬時に自分の欲しい情報を入手するスキルがあるため、効率を重視します。

ビジネスシーンは20年前と大きく様変わりました。雑誌などの広告掲載や飛び込み営業、課長から配布される数百件の電話番号リストからのテレアポなど、当時の新規顧客の常套手段は消え去りました。

今では、ウェブマーケティングに基づくSNS、YouTubeの広告表示やメールの一斉配信で、新規顧客とつながるきっかけを探すことができます。

毎日、メールの受信トレイには、会ったこともない人から一方的に商材やサービスの紹介が20～50通届きます。「もしご興味があれば」という前置きが文面にあるものの、アポイント日程まで書き綴られている。

時代遅れな個人的感想かもしれませんが、迷惑千万で思わず無礼者と思ってしまいます。私の一日は、見ず知らずの企業からのメールをタイトルでゴミ箱に入れる作業から始まるのです。

最近、Z世代が「タイパ」という言葉を使うのを耳にします。「タイパ」とは、「タイムパフォーマンス」のこと。費やした時間とその効果の対比、つまり「時間対効果」です。

以前、20代の社員に「この10社に電話して、『見本誌を送るので手に取っていただきたい』という旨を連絡してほしい」と業務指示を出しました。１件１件電話して内容を伝えるというのは、いわゆる「タイパが悪い」方法かもしれません。しかし、トークスクリプトもあり、知り合いの会社なので、１社５分で換算しても１時間以内に終わると見込んでいました。

しかし、私の見込みは大きく外れました。パソコンの画面と向き合って、渡したリストにある会社のウェブサイトを１社ごとに確認しながら、「ふ～」とか「う～」とか、ため息が聞こえてくるのです。１時間が経っても、その社員は一向に電話する様子がありません。結局、10本の電話に要した時間は４時間。結果的に「タイパが悪い」仕事になってしまいました。

その社員にとって、会ったこともない相手に電話することは難しいことだったようです。新卒の採用プラットフォームでも、スカウトメール機能がある時代。積極的に接点を持とうとしなくても、相手がアプローチしてきてくれる状態に慣れてしまったのかもしれません。これに気付けなかったことは、上長として反省しなければいけないと思いました。

私が20代のころは、上司から「何件電話した?」「何件訪問アポを取り付けた?」ときかれたものですが、近ごろは「何通配信した?」「何通返信があった?」に変わってしまいました。

Z世代は「タイパ」を重視する一方で、前世代のコミュニケーション方法をよく知りません。世代によってコミュニケーションの構築手法に差があることを、身に染みて感じます。

「人とつながる」「企業とつながる」というのは、今も昔も難しいことです。ひょっとしたら、古代ギリシャ時代からそうだったのかもしれません。時代とともにビジネスシーンで求められるスキルは変わりますが、世代ごとの得意・不得意に応じて人材育成をする必要があると感じます。

第5章

出産・育児世代から学ぶ人材派遣の世界

Chapter 5 :

The world of temporary staffing

ALL ABOUT THE HUMAN RESOURCE BUSINESS

1

市場規模10兆円に迫るメガマーケット

新卒で入社し、正社員の事務職として3年間働いていたAさん。その後、出産・育児を経て、再び仕事をしようと考えました。

自宅でもパソコン作業は続けていたので、オフィスワークの即戦力としては自信があります。とはいえ家事・育児との両立なので、どうしても就業条件が限定されてしまいます。

このような時にマッチするのが、人材派遣という働き方です。

今から遡ること四半世紀、日本の人材派遣は1986年に法制化され、市場形成が始まりました。当時は派遣稼働者数約15万人程度の小さな規模でした。

そして現在、人材派遣は人材ビジネス市場において最も大きな市場となりました。すでに他の章でも触れましたが、日本の人材派遣市場は10兆円を超える規模にまで成長し、約

215万人が派遣労働者として活躍しています。ここまで巨大なマーケットになったのには、日本経済と社会構造の変化が大きく影響しています。人材派遣はもともと翻訳・通訳やプログラマーなどの専門職に限定されていました。その後、関係法令の緩和が進み、対象職種が拡大していったのです。

現在も、人手不足により派遣労働者の需要は高まり続けています。ここからは、人材派遣の基本的な仕組みを、法的な面を踏まえて見ていきたいと思います。

人材派遣とは、人材を必要とする企業（派遣先企業）に、派遣会社が自社で雇用している社員を一時的に派遣する仕組みです。

派遣会社と派遣社員は雇用契約を結び、派遣会社は、派遣先企業が求める条件に合わせ、事前に登録している派遣社員から人材を提供します。派遣職員への業務の指示は派遣先企業が行いますが、給与や福利厚生は派遣会社が管理します。その他、派遣先企業との交渉や研修などを通じて派遣社員をサポートするのも、雇用主である派遣会社の役割です。

労働者派遣法では、派遣会社と派遣先企業の双方が守らなければならないことが定められています。また、派遣会社には雇用主として、派遣先企業には使用者として、労働関係法令が適用されます。

派遣先企業は必要な時期にだけ人材を確保することができ、派遣社員はさまざまな職場で経験を積むことが可能です。

人材派遣事業は厚生労働大臣による許認可事業です。そして、許可取得後も定期的な更新手続きを要します。万が一この手続きを忘れてしまうと、行政指導を受けることになります。

人材派遣の許可基準

・特定の企業への提供を目的に人材派遣が行われるものでないこと
・派遣社員へのキャリア形成支援制度を有し、雇用管理を適正に行う体制が整備されていること
・個人情報の適正管理や派遣社員の秘密保護に必要な措置が講じられていること
・派遣事業を適正に運営できる財産や組織体制を有すること

また、人材派遣が禁じられている業務もあります。具体的には、港湾運送業務や建設業、警備業、医療関連業務の他、弁護士や社会保険労務士などのいわゆる「士業」です。主に危険度が高い業務や専門的な知識を要する業務が禁止の対象となっています。

また、人材派遣では日雇派遣が原則禁止されています。かつて、日雇派遣を行う事業者の中に雇用者側としての法的責任を守っていないものがあり、労働災害発生の原因にもなりました。そのため２０１２年の法改正で日雇派遣は原則禁止とされたのです。ただし、ここでいう日雇派遣とは、労働契約が30日以内のものを指すため、31日以上の契約を結んでいれば働くことは可能です。

ちなみに、タイミーなどのスキマバイトは、派遣職業ではなく紹介事業になります。

ALL ABOUT THE HUMAN RESOURCE BUSINESS

2 主な職種と賃金動向

ここからは、現在の派遣職種と賃金動向を見ていきましょう。

一般社団法人 日本人材派遣協会のまとめによると、2024年8月の派遣社員数は約148万人で前月から2万人の増加。派遣職務別に見てみると、2023年に最も多かった職種は事務職で56万人（前年の52万人から約8％増）、次いで製造関連の40万人（前年同）、運搬・清掃・包装職の22万人（前年同）、サービス職10万人（前年の8万人から約25％増）、販売職6万人（前年の5万人から約20％増）、ドライバー職4万人（前年の3万人から約33％増）となりました。

コロナ禍が落ち着き、旅行業界などのインバウンドが活況になったことで、接客に関連した職種の増加が目立った結果となりました。このトレンドはしばらく続くと思います。

　また、求人サイト大手の「ディップ」は三大都市圏の派遣時給のトレンドについて調査結果を発表しています。これは、社員・派遣・パートの求人情報サイト「はたらこねっと」に掲載された派遣・紹介予定派遣の求人広告データをもとに集計したものです。

　２０２４年9月度の三大都市圏の平均時給は１５８１円（前月比＋0・1％で5円増、前年同月比＋0・3％で5円増）となり、２ヶ月連続で前年同月比を上回っています。

　各エリアの平均時給について、関東エリアは１６６２円（前年比3円減、前月比1円増）、東海エリアは１４３４円（前年比27円増、前月比12円増）、関西エリアは１４６９円（前年比16円増、前月比1円減）となりました。

　職種別の平均時給について、「事務・オフィス系」は１５６７円（前年比22円増、前月比1円減）、「販売・営業・飲食・サービス系」は１５２６円（前年比28円増、前月比5円増）、「ＷＥＢ・クリエイター系」は１７８９円（前年比6円減、前月比11円増）、「ＩＴ・エンジニア系」は２２７５円（前年比37円減、前月比10円増）、「医療・介護・研究・教育系」は１５３４円（前年比2円減、前月比8円増）、「工場・軽作業・物流・土木系」は１３７２円（前年比27円増、前月比3円増）となりました。

　注目すべきは、「販売・営業・飲食・サービス系」が全職種の中で最も増加している点です。百貨店を例にとると、9月は観光客のインバウンド対応に加えて、秋冬物の重衣料の販売やお節の予約準備が始まる時期。販売経験者の急募だけでは追いつかないため、未経験者の急募が始まります。年末商戦を勝ち抜くために時給を高くして、他社よりも多くの戦力を確保しなければならない背景がうかがえます。旅行業界も百貨店業界と同様にインバウンド需要への対応を要します。語学力のある人材の募集が採用戦略の重要なポイントとなり、高時給で求人する傾向となりました。こうして「販売・営業・飲食・サービス系」の職種の平均時給が上昇したことが推察されます。

「販売・営業・飲食・サービス系」に次ぎ、前年同月比の増加額が大きいのは「工場・軽作業・物流・土木系」と「事務・オフィス系」。これら3つの職種に共通しているのは、そもそも正社員採用が予定通りにいっていない点、そして年末に発生する業務に対して欠員補充や増員採用をしなければ現場が回らないという点です。

時給を上げるためには派遣会社は派遣先企業に料金交渉をする必要があります。しかし、派遣先企業には2020年に改正された「同一労働同一賃金制度」がはじまった際に値上げ交渉をしたばかり。ただ、「また値上げ?」という声に負けるわけにはいきません。というわけで、今後も派遣時給の上昇は続く見通しです。

ALL ABOUT THE HUMAN RESOURCE BUSINESS

3 「平均年齢45歳」高齢化する派遣スタッフ

日本の派遣労働者の高齢化は、人材ビジネス業界だけでなく労働市場全体においても重要な課題となっています。派遣労働者の平均年齢は45・7歳で、全体の約70％を40〜50代が占めています。女性の派遣社員数は男性の派遣社員数の約1・5倍で、30代後半から50代前半の子育て世代で特に多くなっています。一方で男性の派遣社員は60歳以上が多くを占めています。

日本の高齢化が進んだことで、人材派遣業界でも高齢派遣労働者が増加しているのです。私が人材派遣会社の営業をしていた1990年代の派遣労働者の平均年齢は、28歳前後でした。ここ数年、派遣労働者の平均年齢は上がり続けています。おそらく10年後には、50〜60代が派遣のメインターゲットとなるでしょう。

少子高齢化で日本全体の労働力人口が減少する中、高齢者が派遣の雇用形態で労働市場にとどまる（働き続ける）傾向が強まっています。定年退職後も働き続けたいと考える高齢者や、年金だけでは生活費が不足するために派遣会社にサポートを受け仕事を探す人が増えているのです。この傾向は、子どもが成人し、セカンドキャリアを模索する50代にも前倒しで広がっています。

高齢の派遣労働者が従事する職種は、比較的体力を必要としないオフィスワークやチェック作業、あるいは専門知識が求められる技術職が多い傾向です。しかし、これらの職種も競争が激化しているため、高齢者も他の世代と同様に、新しい技術を学ぶ意識が採用企業から求められていきます。

また、若年層と比較して経験や知識が豊富な一方、正規雇用と比べて賃金が低く、福利厚生の面でも十分な支援を受けられないことが多くあります。さらに、高齢者向けのスキルアップやキャリア形成支援が不足しているため、賃金が伸びない状況です。これに対応するため、大手派遣会社は、シニア向け派遣サービスを重点的に強化しています。

高齢になって派遣で働くことのメリットはいくつかあります。まず、長年にわたる業務経験や専門知識を活かし、若い世代の労働者に指導やアドバイスができることです。また、フルタイム勤務が困難な場合でも、人材派遣会社が就業条件をアレンジしてくれるので、柔軟な勤務体系で働くことができます。さらに、派遣就労をすることにより、定年退職後も社会とのつながりを持ち続けられます。社会的交流の場があることが、心理的な満足感につながるのです。採用企業側も、シニアの派遣スタッフを積極的に活用することで、多様な知識と経験を組織内に取り入れることができます。それにより、異なる世代間でのコミュニケーションやアイデアの交換が促進されます。

ちなみに、私は人材ビジネス業界の検定試験を運営するＮＰＯ法人をやっているのですが、試験官の7割はシニアです。都内の大学が会場となったある試験当日。校舎の２階と３階に１３０名と１４０名を誘導する予定でしたが、ここで想定外の事態が起きました。会場のキャパシティと受験人数が合わなかったのです。入室60分前。慌てている私の傍で、ベテラン試験官の数人が輪になって相談を始めました。その顔はとても涼しげ。各階の受付を急遽なくし、１階の入り口のみに設置。受験者の動線を変更して、2階と3階の会場を入れ替えたことを全受験者に通知し、事なきを得ました。彼らは数々の試験と会場を経験しているので、想定外の事態が起きた時の対処に強いのです。

これからも、シニアの派遣スタッフとしての活躍がよりいっそう促進されることを願うばかりです。

ALL ABOUT THE HUMAN RESOURCE BUSINESS

4 オフィス派遣とＡＩの脅威

皆さんご承知の通り、ＡＩの進化により、オフィス業務の自動化がかなりのペースで進んでいます。多くのオフィス業務はＡＩにより効率化され、生産性が向上しました。

インターネットの検索画面には、ＡＩが有用と判断した情報が提示されるようになっています。最近ではMicrosoft OfficeにもＡＩが搭載されました。そう、もはやＡＩを使うことが日常になったのです。

こうした進化に伴い、オフィス派遣の仕事内容も変化することが予想されます。単純作業はＡＩに代替され、今後はＡＩと共存し能力を補い合うスキルを持った人材が求められていきます。

この節では、ＡＩ時代におけるオフィス分野の人材派遣がどのように進化し、それに対してどのような心構えが必要かを探っていきます。

ＡＩは、特にルーチンワーク（定型業務）の自動化において効果を発揮します。例えばデータ入力、スケジュール管理、問い合わせ対応などは、ＡＩを使うことでより迅速かつ正確に処理されるようになっていきます。

これまでは業務管理システムの中にあるデータベースをもとに、人の手を介して、連絡メールやデータ提供などがなされていました。Excelなどのデータを変換・加工して会社のシステムにインポートしたり、エクスポートしたりする作業は、かつて「ＰＣスキル」とされていましたが、今後はＡＩによって代替されます。

それだけではありません。データ分析や予測モデルの作成、文書の自動生成などの業務もＡＩは効率化します。そういった作業をＡＩが担う時代が来るのであれば、人間はその時に備えて、別のスキルの勉強を始めなければいけません。

一方、ＡＩでは対応が難しい業務、例えばアイデアや企画を考えるクリエイティブな仕事、人間関係を重視する業務は引き続き人間が担っていきます。このように、ＡＩと人間の役割は補完関係にあり、適切な役割分担が必要となるのです。

ＡＩ時代のオフィスでは、従来の人材派遣業務が大きく変化します。単なる事務作業員ではなく、ＡＩを活用できるスキルを持ち、デジタルリテラシーが高い人材が求められています。ＡＩを導入することにより職場のシステムやネットワークの環境も変化していくため、柔軟に対応できる適応力も重要な要素です。

従来のオフィスワークはデータ入力や書類管理などの事務処理が中心でしたが、ＡＩがそれらの業務を行うようになれば、今後は「ＡＩツールの管理・運用」や「ＡＩによって得られたデータの解釈・活用」といった新しいスキルが必要とされます。派遣社員はこれらを習得することで、企業の重要な戦力となります。

「じゃあ、いったい何を勉強すればいいの？」と突っ込みたくなりますよね。具体的に必要となるのは、プログラミングと基本的な数学の知識です。

ＡＩや機械学習でよく使われるプログラミング言語は、ＡＩ・データサイエンス分野で最も使われている「Ｐｙｔｈｏｎ」、統計学やデータ分析に強い「Ｒ」、データ抽出に役立つ「ＳＱＬ」などです。ＡＩは非常に幅広い分野ですが、基礎的な部分から段階的に学び進めるのが効果的です。

また、ＡＩの管理には数学的な知識も必要です。深い理解は後回しにして、基本的な部分だけをおさえておくと良いでしょう。線形代数や確率・統計、微分・積分などの入門レベルの知識だけでも良いと思います。

オンラインでも、ＡＩや機械学習を学べる無料・有料のコースがたくさんあります。初心者におすすめなのは「Learn with Google AI」。Googleが提供するＡＩ学習リソースでは、機械学習の基本やTensorFlowを使った実践的なアプローチを学べます。

このように、必要なことをおさえておけば、少しずつＡＩに対する理解も深まります。「ＡＩと共存する人材」という視点で、スキルを身に付ける時代が来ています。

ALL ABOUT THE HUMAN RESOURCE BUSINESS

5

ロボティクスと製造派遣

ロボティクスとはロボット設計や制作、制御に関する研究分野で「ロボット工学」とも呼ばれます。

近年では、ＡＩやＩｏＴと連動し、製造業、医療・介護分野、農業をはじめ、さまざまな業種・業界にパラダイムシフトをもたらしています。

ロボティクスが急速な進化を続ける背景には、人手不足や人件費の高騰により、作業の自動化ニーズが高まったこと、それに伴ってロボットのスペックや作業能力が向上していったことがあります。ＡＩやＩｏＴの進化がロボティクスと結びつくことで、第４次産業革命が始まったという見方をする人もいます。

本書でも何度となく触れていますが、日本の少子高齢化は急速に進行しています。不足する労働力を補うための政策として、特定技能などによる外国人労働の規制緩和や定年以降の就業、障がい者雇用の促進の他、就職氷河期世代の再就職支援の取り組みがあります。産業界におけるロボット導入もそのひとつです。

事務職に次いで派遣労働者が多い製造業に目を向けてみましょう。

「工場ロボット」は、人間の手に近い複雑な動作が可能で、製造の自動化に広く使われています。以前は人の作業を代行する「産業用ロボット」が主流でしたが、最近は人と一緒に作業をする「協働ロボット」が急速に進化しています。

初期の産業用ロボットは、１９６０年代にアメリカで開発されました。ユニメーション社が製造した「ユニメート」がその始まりとされています。

その後、産業用ロボットの市場は、ＫＵＫＡやＡＢＢ、ファナックなどの企業の参入により急速に拡大しました。ただし、当時の産業用ロボットは、工場内の柵で仕切られた専用エリアでのみ稼働することが許されており、人と連携して作業することができませんでした。

「協働ロボット」が開発されたのは、2000年代に入ってからです。

センサーが搭載され、作業エリアに人が近づくと自動停止するなどの安全確保がなされました。これにより人とロボットの協働が実現します。例えば、組立て作業では、大まかな作業はロボットが行い、調整作業は人間がするといった分業ができるようになりました。このことは、工場の作業効率を飛躍的に向上させました。協働ロボットを活用した生産ラインを構築することで、作業ミスを減らし、製品の質を一定に保つこともできます。

工場ロボットは、各メーカーが自社の強みを活かすことで独自に進化しており、今後もさらに多様で高度な自動化が進みそうです。

では、果たしてロボティクスは製造業で働く派遣労働者から仕事を奪うのでしょうか？とんでもない。製造業では約100万人の労働力が不足しています。その不足をカバーする新しい相棒として、ロボットが一緒に働く時代になったのです。

国内の製造業の現場では、約2万台の協働ロボットが導入され、すでに多くの派遣社員がロボットとともに作業をしています。今後はますます、ロボットとの協働にマッチした人材教育の推進が望まれるでしょう。

ALL ABOUT THE HUMAN RESOURCE BUSINESS COLUMN

人材派遣会社は儲かるのか?

人材派遣事業とは、どのように成立しているのでしょうか。

25年前、私は派遣会社の営業時代に一部の心ない人から「ピンハネ業者」「口利き屋」などと言われ、落ち込んだことがありました。とんでもない話です。人材派遣は国の許認可のもと、経常利益率3〜5%で事業活動をしています。ここではその賃金構造をご紹介します。

派遣料金の内訳は、派遣社員に支払う給与、労働・社会保険料の事業主負担分、派遣社員の有給休暇費用、人材派遣会社の運営費と営業利益です。

派遣社員の給与額は、労使協定または派遣先の同種の業務に従事する労働者との均等・均衡を考慮して決まりますが、派遣料金全体のおよそ70%。人材派遣会社の営業利益は派遣料金の約1・2%と言われています。

例えば一人当たりの派遣料金が1時間当たり2000円だった場合、派遣社員の時給は１４００円、人材派遣会社に残る営業利益は24円程度です。

つまり１日７時間で週５日勤務の派遣社員が１ヶ月間働いた場合、合計の勤務時間を１４０時間として計算すると、人材派遣会社の営業利益は３３６０円。１人の営業担当者と何人かのサポートスタッフが、１００人の派遣社員を担当した場合、その営業利益は３３万６０００円になります。

先ほどもお伝えしましたが、人材派遣の経常利益率は３～５％。これは、飲食や小売り、製造・物流と同じ水準です。一方、ソフトウェア開発のＩＴ業界や医薬品業界、金融業界は一般的に10％以上と言われています。

人材派遣は、「地道」に「コツコツ」と「粘り強く」、日々の仕事を積み上げるストック型ビジネスなのです。

※経常利益とは、企業や個人事業主が事業を行って得た利益。本業における利益の他、運用利益など、その他の損益も含んだ数字を指す。経常利益率とは、売上に対する経常利益の割合。また、営業利益率とは、売上に対する営業利益の割合を指す。

第6章

職場復帰から学ぶ
無期雇用派遣の世界

Chapter 6 :

The world of indefinite-term temporary employment

ALL ABOUT THE HUMAN RESOURCE BUSINESS

1 増加する無期雇用派遣

無期雇用派遣という言葉を初めて耳にする方も多いのではないでしょうか。労働者派遣は、「有期雇用派遣」と「無期雇用派遣」に分けられます。有期雇用派遣は別名「登録型派遣」、無期雇用派遣は「常用型派遣」とも呼ばれます。

有期雇用派遣は就業条件に柔軟性が高く、さまざまな就業場所で経験を積むことができる働き方です。その反面、同じ事業所で働ける期間に限りがあることから、「長期的なキャリアがイメージできない」「契約終了後に次の仕事が見つからず、待機期間が発生すると無収入になってしまう」といった点に不安を感じる人もいます。

一方、無期雇用派遣は、人材派遣会社と派遣社員との間で期間の定めがない雇用契約を取り交わす派遣制度です。契約期間の上限もありません。それぞれの特徴について、さらに詳しく見ていきましょう。

有期雇用派遣は、一般的に広く知られている派遣の働き方です。同じ事業所で働ける期間の上限を3年とし、そのルールに基づいて勤務することが特徴です。派遣先に就業している期間だけ派遣元との雇用契約が成立するため、ひとつの雇用契約が終わった場合、次の雇用契約が決まるまでの待機期間は無給状態となります。

ちなみに有期雇用派遣として、同じ派遣会社で契約を更新し、雇用契約期間が通算して5年を超えた場合は、「労働者の申込み」があれば無期雇用契約に転換することができます。

一方、無期雇用契約は最初から雇用期間の上限がありません。派遣会社との雇用契約は「無期」なので、待機期間にも派遣元から給与が支払われます。無期雇用派遣は２０１５年の労働者派遣法改正によって制度化されました。

派遣労働者が同じ就業場所で働き続ける場合、有期雇用契約の更新を3ケ月ごとや半年ごとに繰り返さなければいけません。２０１５年の法改正では、上限の3年に達する前に

「派遣で働く会社（派遣先）に直接雇用を打診する」「派遣労働者に別の会社（派遣先）を紹介する」「自社で派遣社員を無期雇用する」などの措置を講じることを、派遣元会社に求めました。これにより、前述の派遣で働く上での不安要素が改善されていき、派遣労働者は安定した就業環境で働くことができるようになったのです。

なお、厚生労働省による2022年度の「労働者派遣事業報告書の集計結果」によると、派遣社員として働く人は現在約215万人で、対前年度比2・6％増となりました。この背景には、コロナ禍後も続く企業の人手不足があると考えられます。

さらにこの集計では、有期雇用が131万7815人（対前年度比0・1％増）であったのに対し、無期雇用派遣は82万8638人（対前年度比6・8％増）となりました。このことから、無期雇用派遣による人材確保が増加してきていることがわかります。

無期雇用派遣は、安定した給与を得ながら、ある程度柔軟な働き方ができる雇用形態です。もともとスキルアップに興味のあった人が何らかの理由で仕事から離れ、あらためて現場への復帰を考える場合、無期雇用派遣はメリットがある制度と言えるでしょう。安定性とスキルアップ、働き方の柔軟性の点からも、無期雇用派遣には注目が集まっています。

ALL ABOUT THE HUMAN RESOURCE BUSINESS

2

なぜ無期雇用派遣には技術職が多いのか？

前節でお伝えしたように、無期雇用派遣とは派遣社員が派遣会社と期間を定めずに雇用契約を結ぶ派遣形態です。この働き方には、もともとシステムエンジニアやプログラマーといった技術職が多いという特徴があります。これには、いくつかの理由があります。

その理由のひとつが、常態化した人材不足です。

ＩＴ業界では、システムエンジニアやプログラマーは常に売り手市場。技術革新やデジタル化の進展により、企業は高度な技術を持つ人材を求めていますが、慢性的な人材不足が続いています。このため、企業は派遣という形で専門スキルを持つ人材を迅速に確保する必要があります。無期雇用派遣は、企業にとって即戦力となるエンジニアを柔軟に活用するためのベストな手段であり、昔から需要が高いのです。

この背景には、2015年9月に廃止された特定派遣（特定労働者派遣事業）という届け出制の労働者派遣制度がありました。特定派遣とは、派遣社員が派遣元の会社との間に常時雇用契約を結び、案件ごとに派遣先企業に派遣される働き方のことです。かつて設計事務所などは、自社で雇用した正社員をシステムエンジニアやプログラマーとしてメーカーなどに派遣していたのです。

無期雇用派遣に技術職が多いもうひとつの理由に、システム開発やプログラミングの仕事の多くが、プロジェクトベースで行われることが挙げられます。

プロジェクトごとに求められる技術やスキルが異なるため、一定期間だけ特定のスキルを持った人材を必要とすることが少なくありません。無期雇用派遣では、派遣会社がプロジェクトに合った技術者を送り出し、プロジェクトが終了したら派遣社員を次のプロジェクトに移行させることができるのです。この派遣制度により、システムエンジニアやプログラマーは、さまざまな企業で短期間に多くのプロジェクトの経験を積むことができます。

専門的なスキルを広げ、多様な職場で活躍できることは、技術職にとって大きな魅力です。ＩＴ業界では技術の進歩が速く、システムエンジニアやプログラマーは常にプログラミング言語などの新しいスキルを習得していく必要があります。派遣会社は、派遣社員に対して安定した雇用を提供しつつ、さまざまな企業やプロジェクトで経験を積んでもらうことができます。こうして無期雇用派遣で働くことで、技術者は新しいスキルや知識を得ることができ、派遣会社も市場での競争力を高めることができるのです。

ＩＴ関連のプロジェクトでは、一定期間に必要な人材を投入するケースが多いため、無期雇用派遣の形態がフィットします。プロジェクトが終了すれば、その技術者を他のプロジェクトに移すことができ、固定的な人員を増やすリスクを避けながら必要な時に高い技術力を確保することが可能となります。

このように、無期雇用派遣にシステムエンジニアやプログラマーなどの技術職が多い理由は、ＩＴ業界の人材不足やプロジェクトベースの業務形態、スキルアップの機会、現代のＩＴ業界のニーズに非常に適していることにあります。

技術職以外にも、無期雇用派遣の職種は多岐にわたります。製造業の技術職、クリエイティブ職、営業職、事務職、医療職など、専門スキルを持ち、プロジェクトや特定の業務期間に合わせてフレキシブルに働くことが求められる分野です。

ＡＩテクノロジーという労働市場のゲームチェンジャーが登場したことで、営業や事務領域にもプログラミングなどのエンジニア系スキルが必要となってきました。そういった流れも、無期雇用拡大の一因になっています。

働き手に安定した雇用を提供しつつ、多様な経験の機会を与える雇用形態は、これから注目が高まっていく働き方の選択肢と言えるでしょう。

ALL ABOUT THE HUMAN RESOURCE BUSINESS

3

フリーランスへ転向する無期雇用派遣エンジニア

無期雇用派遣としてさまざまなプロジェクトの経験を積む人の中には、ある程度スキルアップをした後にフリーランスに転向しようと考える人もいます。この節では、プロフェッショナル人材となった無期雇用派遣エンジニアが、フリーランスへの道を選ぶ背景を考えてみました。

まず、自由度についてです。フリーランスとして独立したエンジニアは、案件の選定や働く時間・場所を自分の裁量で決めることができます。

無期雇用派遣では、特定のクライアントやプロジェクトに従う必要がありますが、フリーランスの場合、より自分の興味やスキルに合ったプロジェクトを選択することができるため、日常生活全般においても自由度が増します。もちろん、自分の力で顧客を獲得する必要があります。

次に、収入面ついて。案件ごとの契約で報酬を設定できるため、無期雇用派遣よりも高収入を得られる可能性があります。特に希少なスキルや経験を持つエンジニアの場合、高単価の案件を受注できます。

さらに、スキルの幅についてです。無期雇用派遣では、与えられたプロジェクトや会社の環境での仕事が中心になるため、使用するスキルが一定期間固定される場合があります。それに対し、フリーランスになると、自分の裁量で複数のプロジェクトを掛け持ちすることができます。その分、さまざまな業界や技術に触れる機会が増え、スキルの幅を広げることができるため、キャリアアップを目指すエンジニアにとっては魅力的な選択肢と言えるでしょう。前提として、バランスよく各社からの受注ができることがキーとなります。

そして最後に、リスクとメリットの兼ね合いについて。無期雇用派遣は安定した雇用契約を提供しますが、フリーランスのエンジニアは報酬が不安定になるリスクを抱えます。しかしリスクを取ってでも、自由度、高収入、成長などのフリーランスとしてのメリットを享受したいと考えるエンジニアもいます。特にハイクラスのエンジニアであれば、想定されるリスクはそれほど大きな問題ではないかもしれません。

これらの理由により、無期雇用派遣のエンジニアは、自分の価値観やキャリア目標に合わせて働き方を変えることが少なくありません。

実はこの流れとは逆に、いちど無期雇用派遣からフリーランスになったエンジニアが、再び無期雇用派遣に戻る場合もあります。安定した給与を得ながら、ある程度柔軟な働き方ができる無期雇用派遣はやはり魅力的なようです。

人生のライフステージによって、感じるリスクやメリットの大きさは違いますが、無期雇用派遣は専門職にとって非常に相性の良い働き方なのです。

ALL ABOUT THE HUMAN RESOURCE BUSINESS

4 無期雇用派遣が支えるキャリア形成と労働移動

無期雇用派遣は、雇用の安定性を提供しつつ、企業のニーズに応じて労働者を柔軟に配置できる制度です。

近年、労働市場の変化や技術革新に伴い、リスキリングと労働移動の重要性が高まっています。その中で、労働者と企業の双方にどのようなメリットを提供するかが注目されています。ここでは、無期雇用派遣がリスキリングと労働移動に適している理由について、考えてみましょう。

1. 安定した雇用契約によるリスキリングの推進

無期雇用派遣は一般的に有機派遣に比べて、安定的な雇用継続が保証されます。

この安定性により、労働者は長期的なキャリアプランを立てやすく、リスキリングに専念しやすい環境が整います。企業側も、労働者が新しいスキルを習得し続けることで業務の効率化や新しい分野での活躍を期待でき、双方にメリットがあります。

2．労働者の多様なスキルと経験の獲得

無期雇用派遣では、労働者はさまざまな企業や業務に従事する機会を得ることができます。異なる業界や職種での経験を通じて、労働者は多様なスキルセットを獲得することが可能です。このような経験の蓄積は、労働者の市場価値を高め、リスキリングを効果的に進めるための基盤となります。

3．労働移動の促進

無期雇用派遣では、派遣元企業と労働者の間に安定した雇用関係があるため、労働者はリスキリングによって獲得した新たなスキルを活かし、他の業界や競合他社にスムーズに移行することができます。さらに、無期雇用派遣の仕組みは、派遣先企業のニーズに合わせて労働者を柔軟に配置することができます。

4. 法的・経済的安定性の確保

無期雇用派遣では派遣元企業が労働者の雇用を継続して保証するため、労働者は失業のリスクを最小限に抑えつつ、リスキリングに取り組むことが可能です。これにより、経済的な不安を抱えずに新しいスキルの習得や労働移動に挑戦できるという利点があります。また、派遣元企業が労働者のキャリア形成を支援することで、リスキリングの取り組みがより強化される可能性があります。これによって受け入れ企業は長期的な人材育成戦略を立てることができます。

このように、無期雇用派遣はリスキリングと労働移動の両面で、労働者と企業の双方に多くのメリットを提供します。今後、労働市場の変化や技術革新が進む中で、無期雇用派遣の重要性はさらに増していくことでしょう。

無期雇用派遣として採用し、キャリア形成支援をしながら同じ派遣先企業の中で部署や職務内容を変更したり、派遣先を同業他社に変えたりする事業モデルはエンジニア派遣が先駆けでした。オフィス派遣がこのモデルを本格的に取り入れ出したのは10年ほど前のことです。

派遣で働く人にも色々な背景があり、さまざまなキャリアパスがあります。その中でも、オフィス派遣として働く人たちの中には、「ずっとこの入力業務を続けたい」「今の時給のままでいいからキャリアを変えたくない」という人が一定数存在します。

子育て期間や介護期間のライフステージに立っていれば、なおさらその傾向は強まるでしょう。派遣スタッフの平均年齢は45歳。スキルアップの動機づけをしてからでないとキャリア形成支援につながりません。人材派遣会社は日々奮闘しています。

ALL ABOUT THE HUMAN RESOURCE BUSINESS COLUMN

広がる無期雇用派遣のすそ野

かつての無期雇用派遣はエンジニアのワークスタイルとして機能していたとお伝えしました。現在では、よりすそ野が広がり、多くの人材ビジネス会社が、エンジニア以外の職種を想定して無期雇用派遣の情報を提供しています。

事務派遣の分野では、未経験者が働きながらスキルアップできるサービス・プログラムとして、無期雇用派遣を活用しています。社員のように月給制で、賞与や交通費が支給されるケースもあります。登録するだけで無期雇用派遣の求人案件がチェックできるので、現在のキャリアの棚卸をしている方は、参考までに覗いてみるのもよいかもしれません。

ではここで、最近注目が集まっている無期雇用派遣プラットフォームをご紹介します。

1．パーソルテンプスタッフの「funtable（ファンタブル）」

「funtable」は、人材業界大手パーソルグループの子会社であるパーソルテンプスタッフが、2017年4月に開始した育成型無期雇用派遣サービスです。

他社のサービスと異なるのは、無期雇用で採用した派遣社員を育成し、派遣先企業への直接雇用切り替えをサポートしてくれる点です。事務職未経験でもビジネスマナーやパソコンスキル、自己分析など基礎から学べる研修などを通してスキルを磨き、派遣先企業にパーソルテンプスタッフの無期雇用派遣社員として就業を開始します。その後、派遣スタッフと派遣先企業の双方の合意があれば、派遣先の正社員や契約社員として直接雇用に切り替えられるように支援してくれるのです。2024年5月時点で「funtable」の就業者は延べ3000人を超え、さらに中途採用を強化するためエリア拡大をしています。事務職を中心にキャリアを積みたい未経験者への手厚いサポートが魅力です。

2．リクルートスタッフィングの「キャリアウィンク」

「キャリアウィンク」は人材業界大手のリクルートの派遣会社、リクルートスタッフィングが2015年11月に始めた無期雇用派遣サービスです。

特徴は充実した研修プログラム。未経験からでも安心して事務職をスタートできるよう、ビジネスマナー研修やOA研修があります。OA研修ではタイピングやExcel、Outlookメールの基本操作を習得することができます。

さらに入社後には、就業年次に合わせた各種スキルアップ研修が用意されているので働きながらスキルアップが可能。その他、語学検定や簿記検定などの資格取得に向けたサポートも充実しています。

2024年2月時点で約4000人がキャリアウィンクを通じて活躍しています。

3. Adeccoの「ハケン2・5」

「ハケン2・5」とは、業界大手のAdeccoが独自に開発した無期雇用派遣プログラムです。

Adeccoだけでなく、どの派遣会社に就業している人でも、現在の職場で2・5年以上継続して派遣就業していれば応募可能です。応募時点で2・5年を満たない場合であっても相談ができます。応募後は、簡単な選考を経てAdeccoの無期雇用派遣社員となります。特徴は、まず福利厚生が充実している点です。健康診断の婦人科オプションの追加、勤続10年表彰、結婚祝い金、出産祝い金などが用意されています。さらに在宅勤務手当や半日有給制度などもあります。他にも、キャリアコーチ制度があり、就業中のフォローを行うキャリアコーチが伴走します。モチベーションアップのためのコーチング、定期的なキャリアコンサルティングなどを行い、キャリア形成を長期的にサポートします。

4．マンパワーグループの「M-Shine（エム シャイン）」

「M-Shine」は、マンパワーグループが２０１６年11月から開始した、事務職を対象とする無期雇用型派遣サービスです。

マンパワーグループの社員として安定したお給料を貰いながら、社会人・事務職としてのスキルを身に付けることができます。８割は事務職未経験からスタートしており、販売職やサービス業からの転職者が大半を占めています。その他の特徴として、採用ターゲットは20代中心の若手層。長く、コツコツと事務職で働きたい人材を採用しています。適性検査を実施し、ポテンシャルの高い人材を見極めて採用を行っています。内定倍率約10倍の狭き門を潜り抜けた若手人材が「M-Shine」には集まっています。

5. パソナの「プロ社員制度」

「プロ社員」とは、経理や貿易など専門性が求められる事務業務やITエンジニア、受託プロジェクトのプロジェクトマネジメント業務など、スタッフの専門性を活かし、長くパソナで活躍できる登用型の無期雇用制度です。

プロ社員として登用されれば、期間の定めなく安心・安定して仕事をすることができます。プロ社員は「専門性を活かし、キャリアアップしたい」「期間制限を受けず安心して働きたい」「月給制で安定した収入を得たい」「マネジメント力を身につけスキルアップしたい」といったスタッフを対象としています。また、対象となる職種は「経理」「秘書」「貿易」「データ集計分析」「システムコンサルタント」「ソフトウェア開発」「システム運用管理」「プロジェクトマネージャー」の分野です。3段階のステップを通過することでプロ社員として登用されます。対象職種にて一定レベル以上の業務で同社から就業中のスタッフが対象となり、就業先および雇用元での実績や評価に基づく営業部門からの推薦制となります。希望者は対象職種ごとに用意したスキルマップを活用し、推薦や応募を目指して営業担当やキャリアコーチと相談しながら具体的なスキルアップ目標の設定をします。

第7章

働く子育て世代から学ぶ
副業・兼業の世界

Chapter 7 :
The world of side jobs and multiple jobs

ALL ABOUT THE HUMAN RESOURCE BUSINESS

1

この10年で急速に変化した副業・兼業

日本における副業・兼業には長い歴史があり、その源流は江戸時代にあるとされています。当時は、個人や家族で本業以外の商売をすることや工芸品の製作などを行うことが一般的でした。

第二次世界大戦後には、日本が急速に経済成長を遂げる中、家計を補うために多くの人々が本業の他に小規模な副業をしていました。農家が農閑期に他の仕事をしたり、自営業者が複数の収入源を持ったりすることもありました。

1980年代後半から1990年代、日本経済がバブル景気に沸き、その後バブル崩壊を迎えた時期には、企業の終身雇用制度が揺らぎ始めました。

このころ、一部の企業では副業・兼業を認める動きが出始めたものの、まだ少数派でした。多くの企業は副業を禁止しており、就業規則にも記載されていました。働くことはつまり、本業に専念することだったのです。

副業・兼業が本格的に注目され始めたのは2010年代後半になってからです。

これは労働市場の変化と政策的な後押しによるものでした。特に2017年に政府が「働き方改革実行計画」を発表したことで、副業・兼業が広く議論され始めました。さらに、2018年に厚生労働省が「副業・兼業の促進に関するガイドライン」を策定したことが大きな転機となります。このガイドラインにより、副業・兼業が原則的に認められるべきとされ、企業側の意識も変わり始めたのです。

人材ビジネス業界が、副業・兼業の領域にサービスの提供を開始したのも、このころからでした。労働市場における副業・兼業の需要が急増するものの、そのやり方がわからない求職者が多いことに目を付け、プラットフォームの構築に着手したのです。

また、人材ビジネス利用企業にも副業を推奨する姿勢が見られるようになったことで、求職者側も副業や兼業の機会を積極的に探せる土壌ができました。リクルート、パーソルグループなどの大手人材ビジネス会社がマッチングプラットフォームを展開し、さまざまなスキルを持つ人材と副業提供企業とをマッチングするサービスを開始しました。これにより、求職者は副業や兼業にアクセスしやすくなり、企業も副業・兼業人材を活用する方法を手に入れました。

そして2020年に起きた新型コロナウイルスの流行により、リモートワークやフレキシブルな働き方が加速。パンデミックの影響で収入が不安定になる労働者が増えたことも、副業や兼業をする理由のひとつとなりました。

人材ビジネス会社は、リモートワークやオンライン業務を副業として提供するためのプラットフォームを強化し、特にITスキルを持つ人材や専門職向けの副業案件が多く提供されるようになったのです。

現在では、多くの企業が副業・兼業を容認するようになり、特に若い世代を中心に、キャリア形成や収入増加の手段としての選択肢となりました。2022年の経団連の調査によると、7割近くの企業が副業・兼業を認める方針を示しています。

日本における働き方は大きく変わりつつあるのです。

ALL ABOUT THE HUMAN RESOURCE BUSINESS

2 もはやサポートではなくマストスタッフへ

今や副業や兼業で働く人々は、一時的な補助要員から、なくてはならない人材へと変化しました。この背景には、前節のように経済状況の変化や働き方の多様化が大きく影響しています。

この節では、「サポートスタッフ」から「マストスタッフ」へと変化した業種・職種をご紹介します。

1．IT業界とプログラミング（プログラミング、Web開発、AIなどのエンジニア）

ＩＴ業界では、エンジニアやプログラマーが副業・兼業として活躍するケースが増えています。以前は、フルタイムのエンジニアが中心で、外部の人材はプロジェクトごとのサポート的な役割をしていました。ＩＴテクノロジーが急速に進化する中、プログラミングなどの特定のスキルを持つエンジニアが求められています。

例えば、AIやデータ分析、ブロックチェーンなどの分野では、エンジニア人材の獲得がプロジェクトの成功につながる鍵となっています。企業はフルタイムの雇用だけではなく、副業・兼業人材もレギュラーメンバーとして位置づけるようになりました。

スタートアップや小規模企業がこのような人材を活用しています。

2. デジタルマーケティング（SNS戦略、コンテンツマーケティング、SEOなどの専門マーケター）

デジタルマーケティングの分野でも、フリーランスや兼業の専門家が大きな役割を担っています。SNS戦略、コンテンツマーケティング、SEOなどは専門的な知識が求められるため、副業・兼業フリーランスなどのマーケターやスペシャリストから外部サポートを受け、ひとつのプロジェクトチームを形成しています。

デジタルマーケティングは、企業のブランド形成や売上に直結するため、会社に籍を置かないスタッフも「マストスタッフ」として位置づけられています。こうした新しい組織づくりが、コストを抑えつつも質の高いマーケティング活動を実現させているのです。

3. クリエイティブ業界（デザイン、動画制作、写真撮影）

クリエイティブ業界でも、他に本業を持ちながら副業としてプロジェクトベースで仕事をする人々がいます。

動画制作やグラフィックデザイン、ウェブの分野で活動するデザイナー、ライター、カメラマンなどです。

4. 運輸・物流業界（配達、運転など）

ＵｂｅｒやＬｙｆｔ、出前サービスなどのドライバーの多くは、本業を持ちながらスキマ時間に副業として働いています。

特に、ギグエコノミーの台頭により、フレキシブルな働き方をする人々が増加しつつあります。

5. 教育業界（塾・予備校講師、家庭教師など）

多くの教育機関や塾では、別の本業を持ちながら副業として教える人々が多く活躍しています。

得意だった学科の塾講師や家庭教師として副業をするパターンが多いようです。

6. 飲食業界（接客スタッフ、厨房スタッフ）

居酒屋、牛丼屋、ハンバーガーショップなどの飲食店でも、別の本業を持つ人々が多く活躍しています。

その多くが、会社員が定時退社後の時間や休日を利用して働くパターンです。アルバイトも不足している業界なので、副業スタッフが増えることが期待されています。

厚生労働省が発表した「就業構造基本調査」によると、2022年の時点で、非農林業従事者の内、副業をしているのは約305万人。比率にして4・8％に相当します。これは5年前に比べて0・9ポイント、約60万人の増加です。

若年層では自己研鑽やスキルアップ、中高年層では退職後の準備や収入の安定化を目的に副業・兼業を行うケースが多く見受けられます。企業側にも、働き方改革の一環として副業・兼業を認める動きがあります。

ALL ABOUT THE HUMAN RESOURCE BUSINESS

3
副業・兼業がひらくスタートアップの未来

２０２３年のデータによれば、日本の副業市場規模はおよそ3兆円に達すると予測されています。この成長には、個人が複数の収入源を持つことの重要性を感じるようになったこと、そしてフリーランスやオンラインプラットフォームを活用した仕事の増加が影響しています。

特にリモートワークやクラウドソーシングの普及により、ＩＴクリエイティブや教育、コンサルティングなどのスキルを活かした副業が人気を集めています。副業を推奨する企業が増加していることから、さまざまな職種で選択肢が広がってきました。

この節では、副業でスタートアップ企業をサポートする例をご紹介します。

経済が停滞を続ける中、政府は経済成長の原動力であるイノベーションを生み出すスタートアップ企業の育成を最優先事項のひとつとして位置づけました。スタートアップ企業を育てるシステムを創出し第2の創業ブームを実現するべく、「スタートアップ育成5か年計画」を推進しています。

必要な人材に好待遇を提示するスタートアップ企業は、年収1000万円以上の求人比率で大手企業を上回っているというデータもあります。

一方で、スタートアップの求職者数に就職・転職者が追い付いていないという「人材不足」が起きており、事業成長をストップさせてしまうことが大きな課題となっています。そんな中、どのような人材が求められているのでしょうか？

スタートアップ企業が求めるのは、事業アイデアの壁打ち相手、幹部候補、優秀な管理職、新規事業創出ができる社員など、優秀で経験豊富な人材です。若手だけでなく、ミドル・シニア層の人材が欲しいという声も聞かれます。

政府の後押しもあり、スタートアップ企業を取り巻く環境は徐々に向上しています。しかしその一方で、国が目標に掲げる上場を遂げた企業は一部に留まり、人材・事業・資金の各面で課題があると言われています。

特に「経営の意思決定ができるボードメンバー」や「アイデアを事業に落とし込み戦略を描く人材」「財務戦略と経営戦略に精通し資金調達できる人材」といった、経営に強く専門的な知識と経験を持つ人材は必要不可欠です。

しかし、「リスクに見合う給与を出せない」「自身のネットワークだけでは巡り会えない」といった理由から、事業成長に必要な人材の獲得は難しい状況です。そんな、成長ステージを移行できない「スタートアップの壁」が存在します。

業界大手のパーソルキャリアは、プロフェッショナル人材の総合活用支援サービス「ＨｉＰｒｏ」を運営しています。「ＨｉＰｒｏ Ｄｉｒｅｃｔ」という副業・フリーランス人材マッチングプラットフォームサービスを通じ、スタートアップが抱える事業課題の解決に向けた支援も行っています。

また、起業家支援施設やコワーキングスペース、アクセラレータープログラム、ＶＣやエンジェル投資家、大学等の研究機関、地方自治体など、スタートアップ企業の事業成長を支援する関係機関・団体とも連携。スタートアップ支援機関が保有するアセットに、パーソルキャリアの採用ノウハウやプロ人材活用術を組み合わせています。それにより、創業初期段階にあるスタートアップの事業拡大の他、成功実現のための選択肢や機会を提供しています。

ALL ABOUT THE HUMAN RESOURCE BUSINESS

4

気付けば副業が本業に

以前、私が取材をした時に聞いた話です。

当時35歳２児の母のＣさんは、専業主婦でした。夫の稼ぎで生活費は十分に賄えていましたが、子どもたちが小学校に入学してからは時間に余裕ができ、「自分にも何かできることがあるのでは？」と考えるようになりました。

「家事の合間にできる副業を始めてみよう」そんな軽い気持ちで彼女が目をつけたのがデザインの仕事。会社員時代に社内イベントのポスターや年賀状、招待状などを制作するのが好きだったこともあり、インターネットで調べてみると、自宅でも始められ、将来的に収入にもつながるかもしれないことがわかりました。

「とにかくやってみよう」と思い、まずはオンラインで基礎的な講座を受講することにしました。

以前にも触れたことのある分野でしたが、7年以上のブランクがあったため、3ケ月ほどかけてデザインソフトの操作方法から、レイアウトの基本、印刷に関する知識まで、改めて学び直しました。

最初は友人や親族からの依頼で、名刺やフライヤーを作成しました。報酬はほとんどなく、むしろ無償で引き受けることが多かったのですが、それでもCさんは満足していました。「好きなことを仕事にできるかもしれない」という小さな希望が、彼女のモチベーションを支えていたのです。

Cさんは主婦向けの副業探しのウェブサイトに登録しました。しばらくすると地域の小さなイベントで使うポスターを作ってほしいという依頼が舞い込んできました。依頼主がCさんのデザインを気に入ってくれたのです。高額ではないものの、提示してくれた報酬に、「少しでも家計の足しになれば」と思い、彼女はその仕事を引き受けました。

ポスターが完成し、街中に掲示されたその瞬間、Cさんは初めて「自分の作品が世の中に出た」という達成感に包まれました。

その後も副業プラットフォームを複数利用することで、少しずつ仕事が増え始めました。中小企業のパンフレット制作やウェブサイトのバナー広告のデザイン、さらには以前勤めていた会社の知り合いから紹介されたものまで、仕事は多岐にわたりました。

気が付けばＣさんはこれまで以上に忙しくなっていました。しかし、不思議と疲れを感じることはありませんでした。むしろもっと多くのことを学び、クリエイティブのフィールドを広げたいという欲求が湧いてきました。

「これまでの自分は、目の前にある家庭のことだけで精一杯だった。でも、今は自分をもっと成長させたいし、今がそのチャンスだ」――Ｃさんはさらに上級のオンライン講座を受講し、スキルを磨くことに決めました。

そして、Ｗｅｂデザインの相談が増えてきたことから、ＨＴＭＬやＣＳＳの基礎知識も学び始めます。

仕事が本格的に軌道に乗り始め、気付けばＣさんの働き方は「副業」の範疇を超えていました。すっかり子どもたちも成長し、手がかからなくなってきたこともあり、デザインの仕事にかなりの時間を割けるようになりました。いつしか彼女の仕事は、夫の収入に頼らずとも家計を支えるほどのものになっていました。

最初は単なる副業のつもりで始めた仕事が、本業になり、人生そのものを変えるまでになったのです。依頼の幅も広がり、現在では全国にクライアントがいます。

久しぶりにCさんに連絡をすると、彼女は自分のデザイン会社を立ち上げることを考えていました。

「今まではフリーランスとしてやってきましたが、もっと多くの人に私のデザインを届けたいという思いが強くなってきました。それに、同じように家で働きたいと考えている主婦の方々をサポートできればと思っています」

Cさんはネクストキャリアに向かって着実にステップアップしています。

最後に、Cさんがこのように副業から本業にステップアップできたポイントをまとめておきましょう。

1. 家族の理解とサポートがあり、家事と育児を分担できた。子供も炊事、洗濯の一部を手伝うようになったおかげで、仕事時間が確保できた。
2. 仕事時間が増え、複数のクリエイター向け副業プラットフォームに登録した。新規依頼に対して情報収集を怠らなかったため仕事が途切れないようになった。
3. 仕事が途切れなかったおかげでスキルが積み上がり、会社に属していなくても段階的に収入を上げることができた。

副業を本業にするには、環境やタイミングも大事です。

自分の得意なことを活かし着実にスキルを身に付ければ、一定の収入を得られるようになるのも夢ではありません。

ALL ABOUT THE HUMAN RESOURCE BUSINESS

5 地方創生と副業・兼業

都市部で働く高スキル人材が、副業・兼業のかたちで地方の中小企業の事業継続に貢献する事例が増加しています。

ニーズに合った、技術支援や経営戦略のアドバイスを受けることで、地方企業の事業基盤は強化され、競争力を維持することができます。それにより、長期的な視点に立った事業活動が可能になるのです。

副業・兼業で都市部から地方をサポートする人材は、主にＩＴ、マーケティング、人事といった高度な専門知識を持つ人々です。

そのような専門知識が特に不足している地方企業にとって、副業・兼業を通してこうしたスキルを手に入れられることは大きな利点です。自社が必要とする特定の専門知識を柔軟に取り入れられるので、フルタイム社員を地元採用した場合に比べ、大幅なコスト削減になります。

都市部の人材は、自身のメインの仕事に影響を与えずに、リモートワークや短時間の出張中に地方企業で働くことが可能です。この仕組みは、都市部の人材と地方企業の双方にとってメリットがあるのです。そしてこれは、地方経済の活性化や地域振興に大きく影響を与えています。

ここで都市部と地方の橋渡しをしているのも、人材ビジネス会社です。具体的に人材ビジネス会社がどんなサポートをしているのかをまとめました。

1．プラットフォームの提供

人材ビジネス会社は、副業・兼業を希望する人材と地方企業を結ぶための採用プラットフォームを提供しています。このプラットフォームに企業側が求めるスキルや業務内容を掲載し、これを見た求職者が応募できる仕組みです。スキルマッチング機能が高度化されているので、地方企業は最適な人材を見つけることができます。

2. 求人ニーズのコンサルティング

人手不足により業績が芳しくない地方企業の中には、都市部のトレンドや最新技術に精通していない企業があります。その場合は、人材ビジネス会社が地方企業の課題を把握し、必要なスキルセット（個人や組織が持つ特定のスキルの集合体）を整理します。高度な技術やノウハウを地方のビジネス環境にどう適応させるかについて、担当のコンサルタントがアレンジします。

3. リモートワークの促進とサポート

都市部の高スキル人材が副業・兼業として地方企業で働く際、リモートワークが鍵となります。そのため、人材ビジネス会社はリモートでの業務がスムーズに行えるよう、就業環境の整備とセキュリティのサポートをしています。専用のリモートワークツールや、プロジェクト管理ツールの提供もします。

4. 研修の提供

地方企業のニーズに合った人材を供給するために、人材ビジネス会社は、対象となる高スキル人材に対して研修プログラムを提供しています。この研修を通して、地方特有の課題や業務に関する理解を深めてもらうのです。それぞれの地方の特性や規模に対応したスキルセットを育てていくことで、地方企業と副業・兼業人材のマッチングの定着度を向上させていきます。

5．ネットワーキングイベントの開催

地方企業と都市部の人材が直接交流できるようなイベントやワークショップを開催し、双方のニーズや期待値をすり合わせる場を提供しています。オンラインやオフラインの各種イベントが開催されています。

6．地方自治体との連携

大手人材ビジネス会社は地方自治体に向けて、副業・兼業やＢＰＯサービスをはじめとした人材ビジネスの業務連携を開始しています。各社、専門チームを立ち上げ、地方の中小企業に高度なスキルを持った人材を供給するため取り組んでいます。

いかに優秀な人材を供給し、事業基盤の強化につなげるか。人材ビジネス会社の挑戦が始まりました。

ALL ABOUT THE HUMAN RESOURCE BUSINESS COLUMN

ますます充実するプラットフォーム

ここでは、最近、注目を高めている副業マッチングサイトについてお話しします。副業を探している個人と、週に数日または数時間の労働力を求めている企業とを結びつけるプラットフォームです。これらのサイトには、リモートで働くことが可能な案件が多く掲載されています。時間にゆとりがあり、週末だけスキルアップのために働くビジネスパーソンやプロジェクトベースで働くフリーランスエンジニアなど、多様な職種に多様な雇用形態の求人案件をマッチングしています。

副業マッチングサイトの主な機能は、副業を希望する利用者が自身のスキルや経験に合った仕事をすぐ見つけられるようにすることです。

利用者は履歴書や職務経歴書をサイト上で作成し、職務経験、スキル、希望労働条件などの情報を登録します。サイトはこの情報をもとに、データベースにある副業求人案件から適した仕事を提案します。

副業マッチングサイトは、多様な業種や職種に対応しているため、利用者は副業する目的（キャリアアップ、スキルアップ、収入の増加など）に沿って、自分の専門分野や興味のある分野で副業求人案件を探すことができます。

最近は、ＡＩを搭載することで、マッチング精度がさらに高くなり、利用者のキャリアをＡＩが分析し、求人案件をレコメンドするサービスが増えてきました。今回は特に注目度の高いパーソルイノベーションが提供する副業プラットフォームをご紹介します。

パーソルイノベーションの「lotsful（ロッツフル）」

「lotsful」は、キャリアアップしたい個人を専任のタレントプランナーがスキルプロデュースし、ベンチャーをはじめとする企業や団体とつなぐ副業マッチングサービスです。

掲載職種は、事業開発、マーケティング、営業、人事、広報など、さまざまです。もともと持っているスキルをそのまま活かすのではなく、経験を踏まえつつ、キャリアアップにつながる案件にチャレンジできます。プロのタレントプランナーが一人ひとりの経験やスキルを副業希望者とともに整理し、希望に合わせて案件を紹介します。自分の経験は何に活かせるのかという不安を持っている人でも、サポートを受けながら安心してチャレンジが可能です。

第8章

40～50代のプロフェッショナル世代に学ぶスカウトの世界

Chapter 8 :

The world of scouts

ALL ABOUT THE HUMAN RESOURCE BUSINESS

1 プロフェッショナルを抱えきれなくなった大企業

ここでは、40~50代の事業責任者や開発責任者など、企業の業績に大きく影響するポジションにある人材を「プロフェッショナル」と定義します。近年、このプロフェッショナルが、転職によって大企業から流出しています。

日本の大企業がプロフェッショナルを抱えきれなくなった背景には、いくつかの重要な要因があります。その中でも特に大きいのが、硬直化した人事制度によるキャリアパスのミスマッチです。

多くの大企業、特に歴史のある産業においては、年功序列や終身雇用制度が長い間続けられてきました。このような制度は企業に対する社員の忠誠心を高めますが、柔軟性に欠け、キャリアパスが固定化します。これに対し、時代の変化に合わせて積極的に自己啓発やトレーニングを重ねてきた社員たちは、ストレスを感じ始めます。古い制度の中では、自己成長の機会を制限されてしまうことが多いからです。特に、専門知識や高度なスキルを持つプロフェッショナルたちは、年齢や勤続年数だけではなく、成果や能力に応じた評価を求めることが少なくありません。硬直した現行制度では、それらに応えられないことがあるのです。

そして、成果主義を導入する企業が増えてはいるものの、実際には公平な評価がなされていない場合もあります。特にプロフェッショナル人材は、自身の専門分野での貢献や成果がしっかりと評価されることを期待します。そのため、評価基準が曖昧であったり、自分が出した成果と会社の評価との間に大きなギャップ生じたりした場合は、モチベーションが低下します。

また、大企業の多くは一律的な報酬体系を採用していますが、プロフェッショナル人材は市場価値が高く、より高い報酬を求める傾向にあります。こうした人材を引き留めるためには、業界平均以上の報酬やインセンティブを提供する必要がありますが、既存の報酬体系では限界があり、結果として転職・離職に至ってしまうのです。

企業の柔軟性の欠如も、プロフェッショナル人材が離れていく要因です。プロフェッショナル人材は、自分の専門分野において、成長し続けることを強く望みます。しかし、企業の人事制度が画一的であったり、部門を越えた異動が難しかったりすると、スキルを活かせる場が制限されてしまいます。こうした保守的な企業文化は、キャリアの限界を感じさせるため、プロフェッショナル人材との相性が良くありません。リモートワークやフリーランスといった柔軟な働き方を求めるプロフェッショナルも増えており、これに対応できない企業は優秀な人材を引き留めることが難しくなっていきます。

特定の分野で高いスキルを持つプロフェッショナルは、業界での需要が高く、他社からのオファーも頻繁に受けます。特にスタートアップや中小企業は、フラットな組織構造や柔軟な働き方、成果に基づく報酬制度を強みとして、プロフェッショナルを引き抜こうとします。このような場合、大企業がプロフェッショナル人材の獲得競争に勝つのは容易ではありません。

これらの背景により、プロフェッショナル人材が大企業で長く働き続けることが難しくなっています。柔軟な人事制度のスタートアップや外資系企業に人材が流出していく理由です。そんな中で、プロフェッショナル人材の転職を専門に扱う「エグゼクティブサーチ」や「ヘッドハンター」のニーズが高まってきました。

ALL ABOUT THE HUMAN RESOURCE BUSINESS

2

プロの転職には プロのスカウトが必要

ヘッドハンティングは、企業の求める高度なスキルやリーダーシップを持つ人材を外部からダイレクトに採用する方法です。特に役員クラスのエグゼクティブ層や技術職など、一般的な転職サイトや転職エージェントに登録していない潜在層を対象とした人材確保の手段です。

人材紹介事業でありますが、労働市場では希少な存在。ヘッドハンティングの対象となるのは、どこの会社も喉から手が出るほど欲しい人材です。「売り手（求職者）」と「買い手（採用企業）」のパワーバランスが他の人材ビジネスと異なり、採用に至る道のりと時間もまったく違います。いわば、有効求人倍率が成立しない世界です。

それではここから、ヘッドハンティングの歴史について見ていきましょう。

ヘッドハンティングの起源は、20世紀初頭のアメリカに遡ります。1929年に始まった世界大恐慌。そのころ、倒産した会社の中から、トップタレント（ヘッドハンティング対象のハイクラス人材）を見つけ、企業に紹介をしたのが始まりと言われています。

1950年代から1960年代にかけて、米経済の高度成長とともに、企業はリーダーとなる人材を効率的に得ようと考えました。そこで、優秀な経営者や幹部候補、高度な技術者を早急に人材獲得するための手段として、ヘッドハンティングが普及したのです。さすが、合理主義のアメリカですね。

このころは、企業内の人事部門が採用を主導していましたが、次第に「サーチファーム」と呼ばれる専門の人材紹介会社が台頭。独自の人脈とノウハウを駆使して、人材の発掘に特化するようになりました。そう、他社から兜首を引き抜く（ヘッドをハントする）という流れが一般的になったのです。

経済のグローバル化やテクノロジーの進化による大企業の人事課題もあり、ヘッドハンティングの重要性は高まっています。
特に専門性の高い分野、主にＩＴ、医療、金融、コンサルティングなどでは、採用企業の求めるスキルを持つ人材が限られています。また、そのような人材は、既にどこかの企業に雇用されているケースが多いため、積極的に外部からアプローチする必要があります。もうスカウトをするしかないのです。

ヘッドハンターが注目するのは、候補者の経歴やスキルだけではありません。その人物が組織に適合するかどうか、将来の成長やポテンシャル、チームとの相性なども考慮して選考を進めます。また、グローバルなビジネスネットワークを持つことが求められるため、異文化に対する理解や多言語でのコミュニケーション能力も重要です。

依頼を受けたヘッドハンティング会社は、まず、クライアント企業が求める具体的なスキルや役職の要件を詳細にヒアリングします。これには、企業文化や将来のビジョンも含まれます。
そのヒアリングが終ると、候補者のリサーチに取り掛かります。ヘッドハンターは、自身のネットワークや業界のデータベースを駆使して候補者（キャンディデイト）をリストアップし、適切なアプローチで接触を試みます。候補者は必ずしも転職を考えているわけではないので、慎重なコミュニケーションが必要となります。候補者を導き出すだけでも難易度は相当高くなります。もちろん、インターネットで条件を抽出するというレベルではありません。

そして次は、候補者との面談と評価。スキルや経験、キャリアの目標を確認し、クライアント企業とのマッチング度を判断します。

このように、ヘッドハンティングは初対面の状態から始まり、最終的に「人生を預けます」というレベルにまで持っていくのです。

そしてヘッドハンターは最終段階に入ります。オファー（転職するための雇用契約条件）と交渉（一発で合意が得られるわけではないため）には時間がかかります。1年で合意するケースもあれば、2年かかるケースもあります。その後、最終的に転職（合意）を決意した場合、給与や福利厚生、職務内容についてのさらなる交渉が続けられます。ヘッドハンティングされた場合、平均10～20％ぐらい年収が上がるケースが多いようです。逆に、「すぐ移籍してくれれば2倍出す！」という話は怪しいと思ったほうが無難でしょう。

採用成立後も、ヘッドハンターは候補者とクライアント企業の間で継続的なサポートを行い、雇用契約と齟齬がないよう、引き続きヒアリング活動をします。このステージでは、移籍したことがメディア各社に報じられ、会社の株価にまで影響が出てくるケースもあります。これが、ヘッドハンティングが人材ビジネスの中で最高難度と言われる所以です。

ちなみに、ヘッドハンティング会社は人材紹介会社にあたるため、その収益は、クライアント企業から受け取る紹介料です。紹介料は、採用者の年収の30％が相場のようです。プロフェッショナル人材の年収は、一般の求職者よりも高いため、紹介料も高額になります。年収２０００万円の役員であれば、紹介料はおよそ６００万円。年収１５００万円のエンジニアなら、４５０万円程度です。

では、こうしたヘッドハントを年間10人決めれば売り上げはいくらになるでしょうか。しかし、実はそう簡単ではありません。前述したように、採用が決まるまでに1～2年かかるケースがざらにあります。このビジネスは、目先の売り上げに走ってはやっていけないのです。

ところで、ヘッドハンティングには「登録型」と「サーチ型」の2種類があります。

「登録型」では、ヘッドハンティングの対象になるのはエントリーをした人のみ。求人企業が求めるキャリアやスキルに当てはまる登録者にヘッドハンティングをします。

一般的な人材紹介会社が、対象をハイクラス層まで広げたイメージです。具体的には、JACリクルートメント、ワークポートなどがこれに該当します。また、最近では、ビズリーチやリクルートエージェントなどのダイレクトリクルーティングも普及しています。

一方「サーチ型」は、転職の希望を明らかにしていない人もヘッドハンティングの対象に含まれます。独自の情報網で、求人企業が求めるキャリアやスキルを持つ人を探し出し、ヘッドハンティングをするのです。

こちらが本来のヘッドハンティング。日本で活躍するヘッドハンティング会社には、サーチファーム・ジャパン、プロフェッショナルバンク、コーンフェリー、クライス&カンパニーなどがあります。大手人材会社もヘッドハント領域のグループ会社を有しています。

ALL ABOUT THE HUMAN RESOURCE BUSINESS

3　ヘッドハンティングの対象職種

ここからは、ヘッドハンティングの対象となる職種についてです。

前節でもお話ししましたが、ヘッドハンティングの対象となるのは高いスキルや専門知識を持つプロフェッショナル人材です。対象となる主な職種は次の４つです。

1．エグゼクティブ・マネジメント

CEO、CFO、COOなどの上級管理職です。高度なリーダーシップと戦略的思考が求められます。年収は数千万円から数億円に達することもあります。特に大企業やグローバル企業では、高額な報酬が一般的です。

2. IT・テクノロジー

ソフトウェアエンジニア、データサイエンティスト、サイバーセキュリティ専門家など。特に需要が高いのはAIやクラウドコンピューティングの分野です。年収は数百万円から数千万円。シリコンバレーなどのテクノロジーハブでは高額な報酬が期待できます。

3. 金融・投資

投資銀行家、ファンドマネージャー、リスクアナリストなど。高度な分析能力と市場知識が必要です。年収は数百万円から数千万円。ボーナスやインセンティブが大きな割合を占めることが多いです。

4. 医療・バイオテクノロジー

医師、研究者、バイオテクノロジーの専門家。特に新薬開発や遺伝子編集技術に関する専門知識が求められます。年収は数百万円から数千万円。特に研究開発職は高額な報酬が期待されます。

加えて、これからのテクノロジーの進化で特に注目される業界を4つご紹介します。今後の技術革新とともに大きな成長が見込まれているため、他の業界から１～４の職種の人材がヘッドハントされる可能性の高い分野です。

5. 量子コンピューティング

量子コンピュータは、従来のコンピュータでは解決が難しい複雑な問題を高速で処理する能力を持っています。特に、暗号解読、材料科学、医薬品開発などの分野での応用が期待されています。

6. 宇宙産業

民間企業による宇宙探査や衛星打ち上げが増加しており、宇宙産業は急速に成長しています。特に、宇宙旅行、衛星通信、地球観測などの分野での進展が注目されています。

7. 拡張現実（AR）・仮想現実（VR）

ARとVR技術は、エンターテインメント、教育、医療、製造業など多岐にわたる分野での応用が進んでいます。リモートワークやリモートトレーニングの需要が高まる中で、開発者・技術者の重要性が増しています。次の２つの産業も、テクノロジーの進化に伴い大きな成長が期待されている産業です。

8. スマートシティ

スマートシティ技術は、都市のインフラをデジタル化し、効率的で持続可能な都市運営を実現します。ＩｏＴ、ビッグデータ解析、ＡＩなどを活用して、交通管理、エネルギー効率、公共サービスの向上が図られています。

9. エッジコンピューティング

エッジコンピューティングは、データ処理をデータの生成場所に近いところで行う技術です。これにより、リアルタイムのデータ処理が可能となり、遅延を減少させることができます。特に、ＩｏＴデバイスや自動運転車などでの応用が期待されています。

ALL ABOUT THE HUMAN RESOURCE BUSINESS

4 求められるヘッドハンターの資質

先ほどもお伝えしましたが、ヘッドハンティングは人材ビジネスの中でも最高難度です。ヘッドハンターは、求人企業と候補者をマッチングするプロセスの中で、多岐にわたるビジネススキルを必要とします。

ヘッドハンターとは、いわば「求人企業と候補者の架け橋となる成功の鍵」。次に挙げるようなさまざまな資質が求められます。

1．優れたコミュニケーション能力

ヘッドハンターは求人企業と候補者との間で、コミュニケーションを円滑に進める必要があります。そのため、まずはクライアントのビジネスニーズや企業文化を理解し、それを候補者に的確に伝える能力が求められます。

さらに、候補者の強みやキャリア志向を深く理解し、クライアントに適切な説明を行うことも重要です。このため、タフな交渉力や説得力、そしてハイレベルの傾聴スキルが欠かせません。

2. 業界知識

各業界や職種に関する深い知識を持つことは、ヘッドハンターにとって必須です。業界動向や企業戦略、人材市場の変化に敏感でなければ、クライアント企業に適切なアドバイスをしたり、適切な候補者を見つけ出したりすることはできません。

特にエグゼクティブレベルのポジションを扱う場合、その業界特有の事情やトレンドを熟知していることが、候補者からの信頼につながります。そのためヘッドハンターは毎日、穴のあくほど日本経済新聞を読んでいます。今はスマホなので穴は開きませんが。

3. ネットワーキングスキル

ヘッドハンターは常に幅広い人脈を築き、維持する必要があります。単に応募者を探すだけではなく、パッシブ候補者（転職の希望を明らかにしていない潜在的な候補者）にもアクセスするためのネットワークが重要です。これには、定期的な交流や信頼関係の構築が不可欠です。

ＳＮＳや業界イベントなどを活用して、新しいネットワークを広げる能力も求められます。そのため、ヘッドハンターは毎週、イベントに出席したり、講演会の登壇者にアプローチしたりして、足しげく俗人的な人脈を構築していきます。最近ではリファラルを経由して人材を探すケースも多いようです。また、ビジネス特化型ＳＮＳとして知られるLinkedInは、ヘッドハンターによく利用されています。

4．洞察力と分析能力

クライアント企業に適切な候補者を見つけ出すためには、候補者のスキルや経歴だけでなく、候補者がクライアントの企業文化にマッチするかどうかまでを判断する洞察力が必要です。

履歴書やインタビューで得られる表面的な情報に加え、候補者の性格や価値観、将来的にビジネスパーソンとして成長するかなどを総合的に見極める力が求められます。また、複数の候補者がいる場合、その中から最適な候補者を選び出すためには、比較分析のスキルも重要となってきます。

5．倫理観とプロフェッショナリズム

ヘッドハンターは、候補者やクライアントの機密情報を取り扱うことが多く、そのためには高い倫理観とプロフェッショナリズムが求められます。

報酬（紹介料）も高額であるため、不正確な情報を双方に提供して、条件のズレが残ったまま成約させることは絶対にしてはいけません。候補者とクライアントの両者に対して常に透明性を保ち、公平かつ誠実に対応することが信頼構築の基盤となります。

6．忍耐力と柔軟性

ヘッドハンティングは、短期間で成果が出るものではなく、長期間にわたってクライアントや候補者とのやり取りを続ける場合がほとんどです。そのため、膠着した状況では忍耐強く、急な変化には柔軟に対応できる資質が重要です。クライアントの要望や候補者の意向が突然変わることもあるため、それらの状況に応じ、最善の結果を目指す姿勢が求められます。

7．結果重視の姿勢

ヘッドハンティングの成功は、いかに適切な人材を見つけ出し、企業に貢献できる人材を採用させるかにかかっています。そのため、プロセスにこだわるだけでなく、結果を重視し、成約を増やし、実績を追求する姿勢が重要です。クライアントの満足度を高め、長期的なパートナーシップを築くためには、成果を出し続けることが求められます。

このように、ヘッドハンターはコミュニケーション能力、業界知識、ネットワーキングスキル、洞察力、倫理観、柔軟性、そして結果を重視する姿勢といった資質をバランスよく持ち合わせている必要があります。

これらのスキルを磨くことで、クライアントと候補者の双方にとって信頼できるパートナーとなるのです。

ALL ABOUT THE HUMAN RESOURCE BUSINESS

5

ヘッドハンターが喉から手が出るほど欲しい人材

クライアント企業からのオファーが最も多いのは、40代のミドルクラスです。気力・体力が十分でキャリアが積み上がっている上、さまざまな経験を通して広い視野と深い洞察力があるためです。ライフステージの中でもプライムタイムではないでしょうか。

プロフェッショナル人材は、キャリアやスキルの向上に目を向けるだけでなく、人として成長するためのトレーニングも怠りません。自分の目標と組織の目標のバランスを取れる人材です。必要に応じて立ち止まり、しっかり休憩することもできます。ビジネスの目標に対して「これぐらいの組織で、これぐらいのことをすれば、これぐらいの成果が見込める」という目算を立て、行動できるのです。

自発的で柔軟性があり、「強靭な精神力＝メンタルタフネス」を持ったプロフェッショナル人材は、どの業界でも希少価値が高くなります。ビジネスパーソンの中でも、氷山の一角ではないでしょうか。そんな人材の存在を知れば、どこの経営者も獲得したくなる気持ちが高まるばかりです。

「年収は高くてもいいから採用したい」という話はよく聞きます。急速に進歩している業界、例えばＩＴ系ベンチャー企業では、取締役や技術開発部長などは2〜3年のペースで他社に転職するという話を耳にします。私も、「短い間でしたがお世話になりました」という退職のメールが来ると、思わずヘッドハントを想像する癖がついてしまいました。

話を戻しましょう。「年収は高くてもいいから採用したい」といっても、会社には賃金規定があります。同じ立場、同じ仕事をする人が複数いる場合、その人だけ突出した年収を提示しては、組織全体にも影響が出かねません。クライアント企業は、優秀な人材が組織に与える影響まで考慮しなければなりません。

「社長はあの人だけ特別扱いしている」「社長は我々にもう期待しなくなった」「今度来た人、年下だけどもうすぐ我々の上司になるらしいよ」——大きな会社で人事が動くと必ずと言っていいほど、こういう内緒話が社内を駆けめぐります。

候補者の年収アップはヘッドハンターにかかっています。ヘッドハンターは、クライアント企業と粘り強い条件交渉を続けます。採用に至るまで1年かかることもあるとお話ししましたが、年収をはじめ、いくつもの条件交渉が続くため時間がかかってしまうのです。

私があるヘッドハンターを取材した時の話です。事業責任者をスカウトする目的で始めた交渉で、当初は正社員としての採用を想定していました。しかし、希望年収を実現するために、結果的にグループ会社化し、その社長として迎えたそうです。給与ではなく役員報酬で希望額を満たし、円満なスカウトが成立したといいます。

ヘッドハンターは候補者とクライアント企業の間に入り、双方の希望条件に対し、さまざまな角度から何回もヒアリングを重ねます。この仕事は、メールのやり取りだけでは進みません。粘り強い交渉術が話を前へ進めるのです。

ALL ABOUT THE HUMAN RESOURCE BUSINESS COLUMN

引き抜きが悪質な不法行為となるケース

社員が独立したり競合他社へ転職をしたりするというのはよくある話です。

優秀な社員が退職してしまえば、取引先との関係にも影響し、業績が下がってしまうケースがあります。これにとどまらず、他の社員まで引き抜かれてしまえば、パニック状態に陥ります。ここでは、従業員の「引き抜き」は違法なのかについて考えたいと思います。

「引き抜き」と同義語のものとして「ヘッドハンティング」という言葉が使われてしまうことがありますが、似ているようでまったく違います。

ヘッドハンティングとは、役員などの経営幹部にあたる役職者をスカウトすることの呼称です。一方、引き抜きは役職の有無に関わらず、同業他社で活躍している人材に声をかけ、転職を促します。どちらも、対象となるのは即戦力となる優秀な人材であることが前提ですが、ヘッドハンティングの候補者は、現在よりも高い年収を提示されるケースが多く、「エグゼクティブサーチ」と呼ばれることもあります。それに対して引き抜きは、建設業界の現場責任者（1級建築士や1級建築施工管理技士）、ＩＴ業界のプログラマーやシステムエンジニアなどのイメージです。

ヘッドハンティングでは一般的に、仲介する人材ビジネス会社やエージェントを通して、クライアント企業が求める人材を探し出します。一方、引き抜きは、同業他社の知り合いが直接、声を掛けて自分の所属する会社に移籍させるケースです。

すでにご紹介したように、ヘッドハンティングは職業紹介事業。許認可事業なので合法です。ということは、引き抜きは違法なのでしょうか？　引き抜かれれば現場は困り一時的に生産性が下がってしまう恐れがあります。売り上げが下がれば経営に影響が出ます。会社側は相手を訴えたいぐらいでしょう。

では、引き抜かれた場合の損害賠償についてお話しします。

従業員が引き抜かれた場合、違法となるか。これは引き抜きをしたタイミングがポイントとなり、係争した場合は司法判断となります。

まだ会社に在籍中であれば、引き抜きを行った場合は違法となる可能性が高くなります。なぜなら社員は会社と雇用契約を交わしているため、会社に不利益を与える行為は違法となるからです。引き抜かれた会社は訴えを起こすことができます。

しかし、会社の仲間と「いい会社があるから一緒に転職しないか」とか「近いうちに独立する予定だから、一緒に働いてくれないか」などというくらいであれば、「職業選択の自由」の範囲となり違法とは言えなくなります。


違法となり損害賠償が発生する可能性が高いのは、対象の社員の社内での地位が高く、会社の業績に対して影響力があり、引き抜き後に大きな損害が出たことが立証される場合です。

しかし、退職後に引き抜きを行なった場合は、雇用契約が終了しているため違法性は低いと言えます。とはいえ「退職と同時に引き抜き先の雇用関連の契約書に署名する」「仲間と一緒に大人数で引き抜きを行う」などは悪質とみなされる場合があり、裁判で営業権侵害と判断され損害賠償請求が認められます。引き抜きは、非常にセンシティブな転職行為です。不法行為とならないように細心の注意が必要です。

損害賠償請求が認められた事例に「ラクソン事件」と呼ばれるものがあります。会社の売上の80%を占める実績を出し、社運を賭けた重要な企画を任されていた取締役兼営業本部長が、引き抜き（移籍）先と計画を練り、部下20名以上を引き抜いた事案です。慰安旅行を装って事情を知らない営業社員を連れ出し、ホテルの一室で説得。翌月から引き抜き先の営業所で営業を開始しました。前段で述べた条件を全て満たしていたことから、この引き抜きは不法行為となりました。

しかし、賠償金請求額の1億円に対して、認められた金額は870万円。この事例は、実際に被った損害が引き抜き行為によって生じたものであるかどうか、因果関係を証明することがいかに難しいかを象徴する事例でした。

第9章

定年後の第2の人生から学ぶ再就職支援の世界

Chapter 9 :

The world of re-employment support

ALL ABOUT THE HUMAN RESOURCE BUSINESS

1

リーマン・ショックで活躍した再就職支援

この章では、再就職支援についてお話しします。再就職支援のプロセスを知っていただくため、直近の大不況、2008年のリーマン・ショック時代について取り上げましょう。

再就職支援とは、会社都合で退職する従業員の転職を会社がサポートする制度です。つまり、前章でも紹介している人材紹介事業ということになります。

世界的経済危機、リーマン・ショック時代は多くの大企業がパニックに陥りました。企業存続のためにリストラが決行され、製造業界をはじめ大量の失業者が発生しました。

この危機的状況に対処するため、日本を含む多くの国で再就職支援事業が行われました。ハローワーク等の公的な支援機関は、失業者または失業見込みの求職者に対し、再就職に必要な幅広いサービスを提供し、支援体制を強化しました。具体的には、相談窓口の設置、求人情報の提供、職業訓練プログラムの案内、雇用保険の手続き支援などです。さらには、緊急雇用創出事業として、地方自治体や企業と連携し、一時的な雇用を生み出すためのプロジェクトが多く実施されました。

しかしそれでも大量に発生する失業者の再就職アレンジは追いつきません。そこで注目されたのが、アウトプレイスメント事業です。

アウトプレイスメント事業とは、企業が従業員を解雇または退職させる際に、従業員の再就職を支援するためのサービスです。近年は「退職代行サービス」なるものがありますが、その言葉を借りるなら「退職勧奨代行サービス」とでも言いましょうか。

アウトプレイスメント事業の主なサービス内容は、退職してもらう従業員を、次の会社にスムーズに移行させる支援をすることです。この事業は、大企業が雇用調整（コストカットによる人員削減）や経営再建を行う過程で、従業員の社会的な立場を守りつつ、彼らのキャリア形成を支える重要な役割を担っています。

そもそもアウトプレイスメントの概念は、１９５０年代のアメリカで始まりました。戦勝後のアメリカ経済の急速な成長に伴い、産業は多様化。特に製造業は混乱し、企業は利益追求のため、リストラとレイオフ（企業が業績悪化時に、業績回復後の再雇用を前提として従業員を一時的に解雇すること）が頻繁に行われるようになりました。その結果、職を失う従業員が急増。こうした背景から、企業が社会的責任を果たす政策として、従業員に対して再就職のサポートを行うサービスが事業として発展していったのです。

当初はエグゼクティブやマネージャークラスの高給職に対するサービスが主流でしたが、徐々に一般従業員にも広がりました。組織全体に対して実施されるようになり、その後、ヨーロッパ諸国にまで拡大していきました。

日本では、1989年のバブル経済の崩壊とともに、大企業のリストラや早期退職制度が拡大。アウトプレイスメントが本格的に活用され始めました。

2000年代にはITバブルが崩壊し、続けて2008年のリーマン・ショックが襲来したことにより、アウトプレイスメントのニーズが急増しました。

このころ国内でも、現在パーソルホールディングスの傘下である日本ドレーク・ビーム・モリンが上場。ヴェディオール（現ランスタッド傘下）、ライトマネジメント（現マンパワーグループ傘下）など、欧米のアウトプレイスメント会社が続々と進出しました。
しかし、大量解雇は、大企業にとって望ましくないという風潮が高まりました。景気が戻った時に、再び人員を採用し育成する際のコストに気が付いたのです。大企業の大量リストラはなくなり、日本国内のアウトプレイスメント会社は、大手総合人材ビジネス会社の傘下に入りました。

では、現在アウトプレイスメント会社はどんなことをしているのでしょうか。提供している主なサービスをご紹介します。

・キャリアカウンセリング
退職後のキャリアについての相談や転職活動の進め方についてアドバイスを行います。個別のスキルや希望に基づいたキャリアプランを立てるサポートを提供しています。

・履歴書・職務経歴書作成のサポート
退職予定者が作成したキャリアシートの添削を行います。

・面接対策のサポート

面接当日をシミュレーションし、ロールプレイングを実施します。

・求人案件の紹介

人材紹介会社として退職候補人材の売り込みをします。

かつて大量解雇の時代に注目を集めたアウトプレイスメント会社ですが、日本の経済状況や社会構造によって、そのありかたがさらに変化していくかもしれません。

ALL ABOUT THE HUMAN RESOURCE BUSINESS

2 変化する「再就職支援」という言葉の意味

「再就職支援」という言葉の持つ意味合いが、以前とは変わった気がしています。

前節では再就職支援事業が人員削減のシステムとして機能していた時代のお話をしました。現在の再就職支援は、定年後の第2の人生において、大きな意味を持っています。

２０００年代初頭のＩＴバブル崩壊、そして２００８年のリーマン・ショックを発端とする世界的金融危機。当時のミドル世代は、まもなく定年を迎えようとしています。

日本の老齢基礎年金は原則として65歳になると需給できますが、60歳に繰上げて「繰上げ受給」をする人もいれば、75歳まで繰下げて「繰下げ受給」をする人もいます。年金受給と並行して仕事を続ける人もいれば、「貯金をはたいて商売でも始めるか」と一念発起する人もいます。ちなみに私は後者です。地元でカレーうどん屋を開業したいというささやかな夢があります。これが「第2の人生」と呼ばれるライフステージです。

第2の人生に関する意識は昭和・平成と令和で大きく変化しました。

1986年、55歳定年が主流だった中、60歳定年の努力義務が定められ、1998年には義務化。2025年4月からは「65歳までの雇用確保」が完全義務化されます。これにより、企業には、定年を超えても働き続けたいと希望する従業員すべてを65歳まで雇用することが求められました。この背景にあるのは、労働人口の減少です。

日本では少子高齢化が進み、労働人口が減少しました。若い世代の労働力だけでは経済を維持するのが難しくなったのです。そこで政府は、高齢者に引き続き、労働市場に残ってもらおうと考えました。また、年金支給年齢の引き上げにより、多くの高齢者が退職後の生活資金のために、継続して働く必要が出てきました。雇用の継続が保証されれば、経済的に安定した生活を送ることができます。

以前に比べると、健康で活動的な高齢者がかなり増加しています。退職後も社会とつながっていたいと考える人も多いようです。こうした意欲を活かすことで、企業も労働力不足を補うことができます。一方で、企業には人件費をはじめ雇用継続に伴うコストが発生します。そのため厚生労働省は、「65歳超雇用推進助成金」などの制度を設けて高齢者の継続雇用を推進しています。

「70歳定年時代」の到来はそれほど先の話ではないでしょう。総務省の資料によると、現在、60代の半数以上が働いており、70代前半で約3割、70代後半では約1割の人が働いています。このデータからも、定年後の仕事を探すことは一般的であることがわかります。

とはいえ、大企業で雇用継続される人は別として、引き続き働き続けるために、仕事探しから始めなくてはいけない人たちは大変です。60歳を超えて新しい仕事に就くまでに、1年以上かかったという話も聞きます。ここで登場するのが人材ビジネス会社です。再就職という第2の人生のスタートをサポートするため、人材派遣や人材紹介を駆使してその人達に適したマッチングを実現しています。

ちなみに、定年後に未経験分野へ転職する場合に求人の多い職種は、介護スタッフ、警備員、清掃員、施設の管理人、タクシー・ハイヤー・バス運転手、軽作業・組立作業員、ICT（情報通信技術）支援員などです。

今まで培ってきたノウハウを継続して活かすことで、よいスパイラルが生まれているものもあります。その例として、業界大手のリクルートスタッフィングの調査結果をご紹介します。

リクルートスタッフィングは、60歳以降における経験やスキル活用について分析するため、60歳以上の派遣スタッフを対象に、働き方に関するアンケートを実施しました。

アンケートの結果、60歳以降にこれまでの経験・スキルを活かし、時給1750円以上の事務職やIT職などの専門職の仕事で働くプロフェッショナル人材は、5年間で約5・14倍と増加傾向にあることがわかりました。

また、「理想とする働き方」で最も多かった回答は「自分のスキルを活かせる働き方」でした。「これまでの経験や専門スキルを活かして働いている」と回答した人は約83％。約

61％が「自らの専門スキルを活かして職場に貢献できたと感じている」と回答しています。「自身の専門スキルが、新たな価値創出につながった経験がある」と回答した人も約15％にのぼりました。具体的には、プログラミングスキルを用いたシステム開発やＡＩ技術の活用、ＲＰＡの導入、ＩＴ環境の整備をはじめ、業務効率化フロー策定、データベース構築、海外メンバーとのコミュニケーションフローの改善などが挙げられました。

スキルアップに対しては約61％が意欲を示していて、同社の60歳以上の派遣スタッフは、最新技術や専門スキルを駆使して活躍していることが明らかになりました。

定年退職後も健康で活発に働き続ける人たちは、これからますます、社会の原動力となるでしょう。

ALL ABOUT THE HUMAN RESOURCE BUSINESS

3

「人生100年時代」キャリア形成はいつから考える？

平均寿命が延びたことにより、「100歳まで生きるのが当たり前」という時代の到来も現実味を帯びてきました。「人生100年時代」の働き方はどのようになるのでしょうか？　何となくイメージできるのは、前時代のように「バリバリ、ガッツリ働いて余生をひっそりと過ごす」という働き方の反対バージョン。つまり、「健康で長く働く。ただし、残業せずに適度に働く」。そして、「リスキリングなどで働きがいを見つける」というのもテーマのひとつでしょう。

こういった新時代の到来に伴って必要になるのが、生き方や価値観の変換。しかし、これはとても大変なことです。私自身に置き換えてみても、深く染み込んだ昭和教育を払拭するには相当な時間がかかりそうです。

１００年という長い時間をどのように使うべきか。大半の人たちが、50代を目前に慌てて老後について考え始めます。

ここでは、主に40代以降の働く世代を対象とした「キャリアデザイン研修」をご紹介します。

これは、従業員一人ひとりが自身のありたい姿や組織環境を踏まえ、キャリアについて考えることで、具体的な行動につなげるためのキャリア開発プログラムです。目指す姿が明確になることで、今自分がすべきことも見えてきます。この機会を持つことにより、仕事にいっそうやりがいを感じられるようになり、直接的な行動変容につながるのです。結果として、従業員の意欲喚起や満足度アップ、離職予防など、多くの効果が生じます。つまり、キャリアデザイン研修は、従業員のみならず企業側にもメリットがあるのです。

キャリアデザイン研修では、「従業員個人の課題」と「企業側からの期待」という、２つの側面から考えていく必要があります。世代ごとに、置かれている立場や定年までの期間が異なるため、それぞれに対応した内容にする必要があります。

例えば40代の場合は、同年代の間でも役職や給与に差が出始めます。キャリアデザイン研修では、自身の特性や強みを改めて理解し、今後のキャリア形成について考えていくことが必要です。広い視野を持ち、可能性を拡げていく意識が重要になります。

50代になると、ますます現実的に定年を視野に入れて考えるようになります。企業によっては、一定の年齢に達するタイミングで役職を退く役職定年を設けているところもあるでしょう。定年や役職定年に向け、これまでのキャリアを振り返り、それを踏まえたキャリア形成をしていきます。

特にこの年代では、両親の介護や子どもの進学などによって環境的にも経済的にも影響が生じやすくなります。そういったライフイベントも想定しつつ、より具体的に考えていくことが重要です。

50代後半では、定年を迎えた後のキャリアについて考えていきます。再雇用や地域活動への参加など、多くの選択肢があります。学びへの意欲や社会貢献の視点を持つことで、その選択肢はさらに広がります。多くの人が、60歳を過ぎても体力的・気力的にまだまだ充実している状態です。これまで培ってきた技術や知識を企業や地域に還元し、活躍できる場はたくさんあります。

「人生100年時代」の今、若いうちから長期の視点を持ち、キャリア設計していかなければいけません。人生という大海原を安全に航海するためには、人材ビジネス会社に伴走してもらうことも、選択肢のひとつとしておすすめです。

ALL ABOUT THE HUMAN RESOURCE BUSINESS

4

埋もれた才能を引き出す再就職支援サービス

キャリアの途中で挫折や転職を経験した人や、育児や介護といった個人的な理由で職場を離れることを余儀なくされた人にも、再び仕事の現場に戻り輝きを取り戻すチャンスが必ずあります。

再就職支援サービスは、キャリアの途中で労働市場から離れた人が、再び就職するためのサポートを提供するサービスです。具体的には、転職活動のアドバイス、履歴書や職務経歴書の作成支援、面接対策、スキルアップのための研修プログラムなどが含まれます。これらのサービスは、個人が自信を持って職場復帰できるようにするだけでなく、企業側にとっても、有望な人材を効率的に採用する手段となります。

ここでは、就職氷河期世代（1990年代から2000年代初頭に卒業し、厳しい雇用環境に直面した世代）を対象にした厚生労働省の再就職支援の取り組みをご紹介します。

1. 専門窓口の設置（就職氷河期世代専門窓口）

全国の主要なハローワークには、就職氷河期世代向けの専門窓口が設置されています。こちらは、概ね35～56歳で正社員就職を目指すも安定した就労経験がない（これまで正社員として働いたことがない、短期的な非正規の就労を繰り返している）方々への支援を目的としたものです。具体的には応募書類の作成支援や模擬面接などを実施、専門担当者が就職から職場定着までしっかりサポートします。

2. 職業訓練の提供

ハロートレーニング（公的職業訓練）を通じて、就職に必要なスキルや知識を無料（テキスト代等は実費負担）で習得できる機会を提供しています。これにより、安定した就職に向けたスキルアップを支援しています。雇用保険を受給しながら受講できる公共職業訓練（離職者訓練）では、事務、サービス、ＩＴ、医療、福祉など多種多様なコースが開催されています。また、雇用保険を受給できない方向けの求職者支援訓練では、一定の支給要件を満たせば職業訓練受講給付金が受けられます。

3. 地域若者サポートステーション（サポステ）

地域の若者を対象としたサポステでは、就労に向けた準備や職場定着、ステップアップまでの継続的な支援を行っています。特に、現在仕事をしていない方や就職活動に不安を感じている方に個別相談（キャリアカウンセラーなどが面談を通じてその人に合った支援計画を作成）やセミナー（ビジネスマナー、コミュニケーション講座）、就業体験など豊富な支援メニューが充実しています。

4. ひきこもり支援

何らかの理由により現在仕事をしておらず、ひきこもり期間が長い方、生活が苦しい方、安心出来る居場所が欲しい方、働くのが不安な方などに向けて、ひきこもり地域支援センターや自立相談支援機関では社会参加や自立に向けたサポートを行なっています。

こうした取り組みを通じて、厚生労働省は就職氷河期世代の方々の再就職や社会参加を総合的に支援しています。

ALL ABOUT THE HUMAN RESOURCE BUSINESS

5 再就職支援が「余剰人員」を活かす

多くの大企業は、１９８０年代後半のバブル時代に大量の人員を採用しました。そのため、現在は50歳以上の社員が多い構成となっています。この社員層は、30～40年の勤続期間の中で実績を積み重ね、高度なスキルを持ち合わせています。

しかしその中には、自身の実績やスキルの価値をただしく認識できていない社員や、一度身に付けた知識や資格をアップデートせずにさび付かせてしまい、十分に実力を発揮できていない社員もいます。

バブル以降、時代は大きく変化しました。大企業の多くは、その変化のスピードに対応することができず、リスキリングや内省が必要な社員をそのままにしてしまいました。会社全体の生産性がどんどん下がっても、終身雇用制度により、彼らを雇い続けなければなりません。こうして、多くの大企業は「余剰人員」を抱えていきました。

さらに2013年の「高年齢者等の雇用の安定等に関する法律」によって、定年が60歳から65歳に引き上げられることとなりました。多くの大企業は、ミドル・シニア世代の社員に向けて、キャリア開発研修をはじめとする職業能力開発と配置転換による生産性の向上を実施する必要が生じました。再就職支援による人件費削減にも取り組まなければいけません。2000年代の日本経済には、再就職支援サービスが必要になったのです。

現在の日本型再就職支援サービスを構築したのは、現マンパワーグループのライトマネジメントです。ライトマネジメントは、1994年からキャリアマネジメントの専門家として、企業とその社員のキャリア形成支援を行っています。外資に強く、多様な業界、職種、年齢を対象としています。国内では約8万人を支援し、世界では支援者数400万人を突破しました。

ライトマネジメントは、人員調整を課題とする企業に親身に寄り添い、退職後再就職を希望する従業員が納得できるネクストキャリアを提供しています。

再就職先では99％の人が6カ月以上勤務することなど、進路決定後の定着率の高さにも定評があります。キャリアコンサルタントとともに「自分のなりたい姿」をじっくり考え、自身が納得できる再就職先を見つけられること、また、進路決定後のきめ細やかなフォローも好評の理由です。

サービス利用者の約6割が50歳以上であり、同社のキャリアコンサルタントも、その多くが経験豊富なベテラン揃いです。「キャリアコンサルタント（国家資格）」「2級キャリアコンサルティング技能士（国家資格）」「産業カウンセラー」や「2級ファイナンシャル・プランニング技能士」などの有資格者が、キャリアコンサルティングを担当します。転職活動に慣れていない、キャリアについて考える機会がなかった人に対しても、丁寧にキャリアコンサルティングを行い、今後のキャリアプランを考えるサポートをします。

色々な経済学者が日本企業の余剰人員を算出していますが、50万人という人もいれば100万人という人もいます。この数字が本当だとすれば、他人事ではありません。企業で働く多くの人に、再就職支援サービスは必要なのです。

ALL ABOUT THE HUMAN RESOURCE BUSINESS COLUMN

年齢によって変化する「働きがい」

「働きがい」は、時代や個人のライフステージ、社会の影響を受けながら変化します。このコラムでは、20代から50代にかけての働きがいの変遷について考えます。入社3年以内の新卒や第二新卒の人にとって、働きがいは社会人としての成長やビジネススキルの習得と大きく関係しています。

20代はキャリアのスタート地点。仕事に対する情熱や好奇心が強く、スキルの習得や初めての経験にときめく年代です。ビジネスパーソンとしてのアイデンティティがまだ完成していないこのころは、企業理念や企業文化と自分の目標とする姿を重ねることにも抵抗がありません。経験や知識が少ないため失敗することが多く、視野も狭くなりやすいため、先輩や上司は根気よく見守ることが大切です。日々の目標確認とフィードバックが、モチベーションにつながります。目の前の仕事に全力で取り組む彼らにとって、先輩や上司の褒め言葉は大きな働きがいになります。

30代になると、生活環境もかなり変わってきます。結婚して家族ができれば、仕事と家庭の両立が大きな課題となるでしょう。職場では責任者として、会社の中心的な存在になる年代です。私自身、職務経歴書を書いてみると、30〜40代の内容が多くを占めていました。

キャリアが積み上がってくれば、家計も安定します。仕事での成果に対する評価、つまり昇進や昇給に働きがいを感じるようになります。

40代は、30代で構築した自身のキャリアがひとつのかたちになる年代です。リーダーとして担う役割が大きくなったり、管理職に就いたりすることが多く、会社全体への影響力や責任感が働きがいに昇華されていきます。また、40代後半になると、自分の経験を次世代に伝えることや、組織の発展に貢献することを考え始めます。

50代以降になると、働きがいはさらに変化します。この年代では、定年を見据えたキャリアの見直しや、次世代育成への関心が高くなります。さらに、社会貢献にまで視野が広がり、ボランティアなど、仕事以外の活動に意義を見出す人もいます。自らの経験を次の世代に伝え、社会全体に還元することが働きがいになります。

これは例え話になりますが、若いころはカレーライスやカツ丼など、ボリューム重視で味の濃いメニューが好きだったのが、年齢を重ねると、かけそばのように、あっさりとした素材そのものの味を楽しめる食事を好むようになります。これと同じく、働きがいも、歳とともにガッツリしたものから落ち着きのあるものに変化していくのかもしれません。また、働きがいは、年齢を重ねて変化するだけでなく、個人の価値観や生活環境によっても影響を受けます。経済的な安定を求める人もいれば、自己実現を重視する人もいます。社会全体の働き方や価値観の変化も、個々の働きがいに大きな影響を与えています。リモートワークの普及やライフスタイルの変化が、それまでの常識を覆し、新たな働きがいを作っていくのかもしれません。

多様化する働きがいの現状を知り、柔軟な支援をすることが、これからの企業には大切なのです。

第10章

これからの人材ビジネスの世界

Chapter 10 :

The future of human resource business

ALL ABOUT THE HUMAN RESOURCE BUSINESS

1

しなやかで多様性のある就業環境の整備

いよいよ最後の章ということで、ここからは人材ビジネスの今後についてお話をしたいと思います。

2023年10月1日時点の日本の総人口は、1億2435万人。その内、およそ3623万人が65歳以上であり、全体に占める割合(高齢化率)は29・1%となりました。つまり、日本の総人口の約3分の1が65歳以上ということになります。

2040年には、1970年代前半生まれの「団塊ジュニア」世代が65歳を迎え、日本の高齢化率は35%にまで達すると見込まれています。

少子高齢化による深刻な人手不足の進行をどう補うか。2022年には、岸田総理が掲げた「新しい資本主義」の中に労働政策が盛り込まれました。

「新しい資本主義」とは、小泉内閣以降の新自由主義的な経済から脱却し、「成長と分配の好循環」や「経済構造改革の加速」を成し遂げることにより、賃金と物価の好循環を目指すものです。2022年に「新しい資本主義のグランドデザイン及び実行計画」の初版が閣議決定され、翌年に出された改訂版の中では「三位一体の労働改革」と呼ばれる政策が示されました。

これは「構造的な賃上げ」を目的としたもので、「個々の企業の実態に応じた職務給の導入」「リスキリングによる能力向上支援」「成長分野への労働移動の円滑化」の3つの柱から構成されています。これらの連携により、労働環境が改善し、経済の活性化につながっていくという考え方です。それでは、これら3つの柱について、具体的に見ていきましょう。

まず、「個々の企業の実態に応じた職務給の導入」です。

日本では長らく「職能給」が一般的でした。これは労働者の能力に応じて賃金を決定する方法で、「長期雇用」や「年功序列」など、日本型雇用において給与体系の中心となってきました。一方、「職務給（ジョブ型人事）」とは、労働者の職務の種類によって給与を決定する方法で、欧米型雇用とも呼ばれます。仕事の種類によって評価されるため、入社時期にかかわらず成果によって報酬が与えられます。国は職務給の導入により、同じ職務において日本企業と外国企業の間に存在する賃金格差を縮小することを目指しています。

2021年4月からすべての企業に適用された「同一労働同一賃金制」は、正規・非正規労働者の賃金格差を是正し、同じ職務に対して同等の報酬を支払うという原則を基にした制度です。

日本では、非正規労働者の割合が高く、その中にはパートタイムや派遣労働者などが多く含まれます。彼らが担う役割が非常に重要であるにもかかわらず、賃金や待遇において不平等な状態が続いていました。

ある大手メーカーでは、非正規労働者の時給を引き上げ、正社員と同等の福利厚生を提供するようにしたことで、労働者の満足度が大幅に向上しました。結果として離職率が低下し、生産性も向上。労働者一人ひとりが自分の役割に責任と誇りを持てるようになったそうです。

さらにこの制度は、働く側だけでなく雇用する企業側にもメリットがあります。企業は、透明性のある報酬体系を通じて従業員の信頼を得ることができます。結果として従業員のエンゲージメントが高まり、長期的な定着につながるのです。

次に「リスキリングによる能力向上支援」についてです。リスキリングとは、書いて字のごとく「スキル（技術）」を学び直すことを指します。テクノロジーの進化とともに機械やＰＣが人に取って代わるという話は、それこそ１００年以上前の産業革命以前からある話です。

最近ではＡＩが台頭したことで、自動化される職種や作業が出始めています。例えば、会議や記者会見などの音声を聞いて文字にする「テープ起こし」のようなアナログ作業は、自動のテキスト化サービスによって代替されました。マイクロソフトのofficeにＡＩが搭載されたことで、２０００年代に活躍した「パワポ職人」もなくなっていくでしょう。

それとは反対に、テクノロジーが進化したことで、今まで存在しなかった新しい職種が生まれ始めています。みなさんも、「ドローンパイロット」はご存じでしょう。今では一般的となったドローンも、ちょっと前まではそれ自体が世の中に存在しませんでした。短期的に世界同時普及をしたことにより、空中撮影、農薬散布、土木建築の測量などで活躍しています。残念なことに、戦場でも兵器として用いられています。

要するに、時代の変化に対応したスキルを持つことが重要だということです。リスキリングの支援策として、政府や企業は教育プログラムやオンライン講座を提供しています。若者だけでなく、中高年層に対してもキャリアの転換や向上をサポートしているのです。

最後に、「三位一体の労働改革」の3つめの柱として掲げられているのが、「成長分野への労働移動の円滑化」です。これは、労働者が成長産業や自分に適した職場へ円滑に転職・移動できるようにする政策です。リスキリングした後工程と言ってもいいでしょう。

かつては、労働者が最初に入社した会社で長期間働き続ける「終身雇用」の慣習が強く残っていました。しかしバブル崩壊以降の「失われた30年」により、企業には労働者を定年まで雇い続ける体力がなくなってしまいました。

日本経済の構造変化に伴い、成長産業や新しい業態に労働力を柔軟に移動させる必要性が高まっています。政府は、転職や職業訓練に関する情報提供の強化の他、職業紹介サービスの拡充を通じて労働移動を促進しています。労働者が安心して転職できるように、失業手当や再就職支援の制度もブラッシュアップしています。

ALL ABOUT THE HUMAN RESOURCE BUSINESS

2 ― 日本の職場はジェンダーレスとどう向き合うか

テクノロジーの進化と同じぐらいの速さで、人々の価値観やアイデンティティも変化しています。それに伴い、企業は従業員の多様性を尊重し、全ての人が平等に働ける環境を目指しつつ、生産性を向上させていく必要があります。

日本の職場においては、残念ながら、慣習として昭和以前の役割分担が強く残っている傾向があります。例えば、「女性はサポート役」「男性はリーダーシップをとる」などといったものです。

男女共同参画局によると、国内の常用労働者100人以上を雇用する企業の労働者のうち、役職者に占める女性の割合は上位の役職ほど低いことがわかります。2019年のデータでは、係長級が18・9％、課長級が11・4％、そして部長級が6・9％となりました。

日本の人口の男女比は半々であるにもかかわらず、とても低い数字です。この現状は欧米からも指摘を受けています。

なぜこれほどまでに、日本の女性役職者の割合は少ないのか。それは、メーカーをはじめ、この国の大企業のほとんどが昭和以前に創業され、何十年にもわたり終身雇用制度が定着してきたためです。人事制度が大いに影響していると考えられます。

女性に限らずＬＧＢＴＱも含めすべての従業員が能力に応じて役割を果たせる就業環境を整えることが必要です。

いちばんの近道は、経営層や管理職がリーダーシップを発揮し、ジェンダー平等を積極的に推進することでしょう。日本の職場がジェンダーレスに向き合うには、社内イベントにより周知啓蒙するなど、積極的に職場文化を築いていくことが鍵となります。もちろん、国を挙げた人事制度のテコ入れも急務です。

ALL ABOUT THE HUMAN RESOURCE BUSINESS

3

外国人雇用が進む職場の変化

近年人手不足が深刻化し、堰を切ったように外国人の労働制度が緩和されました。これからはますます、ベトナム、中国をはじめ、さまざまな国の人たちと職場をともにすることになります。国によって生活慣習・商慣習・信仰が違うため、企業の管理者は調和がとれた職場作りのために多くの配慮をすることが必要となってきました。「ここは日本だ！　日本式に従え！」などという考え方では、これからの社会形成は難しいということを、特に中高年以上の職業人は肝に銘じなければいけません。

生産工場では、人材不足に対応するため、他の業種に先行して多くの外国人の方々が働いていています。今後は企業規模を問わず、あらゆる人種や信仰を尊重することが従業員のエンゲージメントの向上にもつながっていくでしょう。

実際に私が聞いた話では、ある中小企業の例があります。検品作業場に新人従業員として入職したイスラム教徒の方のエピソードです。

その方は作業中、休憩時間でもないのに突然持ち場から姿を消しました。作業現場のスタッフたちはビックリ。するとその方はまた職場に戻って来て、何事もなかったように作業を再開したのです。現場責任者が理由をきいたところ、それはお祈りの時間でした。その企業も責任者も、イスラム教のお祈りの時間を知らなかったのです。

こうしたコミュニケーション不足は、現場の生産性に大きく影響します。企業は責任者をはじめ従業員に対して研修を実施し、無意識の偏見や差別を解消していく努力が必要です。服装規定の見直しや職場の一角に礼拝スペースを設置することなども検討したほうが良いでしょう。

理念的な話になってしまいましたが、ここで、外国人を受け入れるにあたり、就業現場として気を付けるべき点をご紹介します。

1. 柔軟な勤務時間や休暇の提供

宗教的な祝祭日や礼拝時間を考慮し、出勤スケジュールや休暇制度を整備する必要があります。

2. 宗教的慣習への配慮

職場の近くに祈りの時間や祈る場所（祈祷室や静かなスペース）を確保しましょう。また、イスラム教ではハラル、ユダヤ教ではコーシャなど、それぞれに適合した食事オプションの提供も考慮に入れる必要があります。

3. 従業員教育の実施

多様な文化的背景に対する感受性を高めるための従業員研修を定期的に実施し、無意識の偏見や差別を無くす努力が求められます。

4. すべての従業員が安心して相談できる窓口の設置

外国人に限らず、すべての従業員が安心して相談できる窓口を設ける必要があります。単に窓口を設置するだけではなく、しっかりと社内で周知した上で、適切に対応できる体制を整えることも重要です。

5．イベント開催時の配慮

職場での公式イベントや祝賀行事が特定の宗教に偏らないように配慮し、多様な宗教や文化を尊重する機会を設けましょう。

さまざまなバックグラウンドを持つ従業員が尊重され、同じ職場で快適に過ごすためには、それらに対応するシステムが重要です。そしてそのシステムを確立することこそ、従業員一人ひとりに最大限のパフォーマンスを発揮させ、生産性の向上ひいては業績向上につながるのです。

厚生労働省も、外国人を雇用する事業主・人事労務担当者向けに、労務管理ポイントや多言語用語集などをまとめた「外国人労働者の人事・労務支援ツール」を提供しています。

大企業も積極的に外国人の採用を始めています。

ユニクロを運営するファーストリテイリングは、積極的に外国人を採用し、店舗管理者や本社のグローバル人材として育成しています。２０１０年代から、外国人新卒採用枠を設け、日本国内の勤務を経験させながら、将来的には海外拠点でのリーダーシップポジションに割り当てる仕組みを整備しています。

外国人社員は入社後、日本の労働文化や接客の基本を学び、実際に顧客と接することで、ユニクロの「お客様第一主義」や「迅速な対応」といったサービス理念を学びます。

研修後は、それぞれのキャリアパスに応じて、管理職や本社業務への移行が可能です。

外国人社員は、海外の拠点や新規市場の店舗展開におけるマネージャーとして着任します。現地でリーダーシップを発揮し、各国の文化や市場のニーズを反映した戦略を立てることが求められるのです。

同社は外国人リーダーの育成に力を入れ、急速に海外市場への拡大に取り組んできました。多国籍人材の採用は、日本企業の枠を超え、世界で競争力を持つ企業に成長するための重要な人事戦略であり経営戦略です。この場合の外国人採用とキャリア育成は、単純な労働力確保ではなく、グローバル市場での競争力を高めるための戦略的な対応のひとつです。

ALL ABOUT THE HUMAN RESOURCE BUSINESS

4 これから縮小・消滅する仕事

ここからは、今後、劇的に求人が少なくなっていく仕事についてです。

本題に入る前に、今、日本ではどれくらいのスピードで人口が減っているのかをおさえておきましょう。

2021年10月1日時点の日本の総人口は、前年同月に比べ約0・51パーセント減少しました。人数にして1年で約64万4000人の減少です。この減少幅は、比較可能なデータのある1950年以降過去最大で、1年間にだいたい杉並区ひとつ分の人口が減ったことになります。日本の人口減少は、2005年からずっと続いています。この傾向は、労働人口の減少にダイレクトに影響します。

では、今後求人が減っていく業種と職種を具体的に見ていきましょう。

ＡＩやロボティクス技術の進化は、私たちの仕事に大きく関係します。特に影響を受けやすいのが、オフィスワークと工場ワークの2つです。

オフィスワーク

オフィスワークは、定型業務が多いため、大量のデータを一瞬で処理できるＡＩやＲＰＡ（ロボティック・プロセス・オートメーション）によって効率化されつつあります。例えば、かつては1件ずつ手作業で行っていた見積書や請求書の作成をＡＩがサポートしてくれます。経費精算に伴う業務も、ＡＩが搭載された自動仕訳機能によって短縮化が可能です。今後、ますます少ない人数で業務がこなせるようになり、これらの業務は縮小ないしは消滅していく可能性があります。

工場ワーク

製造業のような工場ワークも、オフィスワーク同様、ロボティクスの影響を直接的に受ける仕事です。過去数十年にわたり、日本の製造業は少子高齢化に伴う人手不足に苦しんできました。これを補うかたちで新しい技術が発展してきたのです。大企業では、組立作業、溶接、検査などの単純作業は自動化が進み、ロボットが多くの業務を担っています。人間とロボットが1本の鉄骨を一緒に溶接する作業や、ロボットが自動車部品を黙々と移載する作業などを初めて見た時は、私もビックリしました。さらに驚いたのは、Ａｍａｚｏｎが公開した、二足歩行ロボットが両腕で箱を持ち、それを所定の位置まで運ぶ様子です。

まさに人とロボットの協働時代はもう始まっています。ロボット導入による自動化が進むことで、将来的にはフォークリフトの運転手、検品作業員、軽作業員などの職種は大幅に減少し、一部では完全に消滅する可能性もあります。加えて、さらに進化したＡＩテクノロジーによって、データの処理作業や加工作業が代替されます。それだけでなく、需要予測や生産計画の最適化が進むため、管理職や現場監督の業務も大幅に削減される見通しです。

地方企業のＡＩやロボティックス活用は、生産性を向上させ、少ない人員でより多くの業務を遂行できる組織づくりにつながります。逆に、そういった技術の導入に抵抗がある企業は競争力を失い、その地域や事業から撤退せざるを得ないということになります。

過疎化が進み人手不足が深刻化している地域では、ＡＩやロボティクス技術の導入が急務です。しかし現状では一部の産業にとどまり、社会全体には浸透しきっていません。中小企業に至っては、おそらくまだまだ先の話でしょう。また、労働力不足を解消する手段として自動化が進む一方で、現地の雇用が減少し、人口流出が進むという悪循環も懸念されています。

ALL ABOUT THE HUMAN RESOURCE BUSINESS

5 これから拡大・誕生する仕事

ここからは前節とは逆に、今後、拡大・誕生が見込まれる仕事についてです。

人手不足を乗り切る手段として、ＡＩの導入やロボットによる自動化を進めれば、現場での雇用が減少し、人口流出が進みます。流出する人口はどこに進むのか。そう、雇用の増加する業種や職種です。

雇用が増加する職種としては、エンジニアが考えられるでしょう。エンジニアの職務内容はさまざまです。主にシステムを設計する仕事ですが、そのレベルには初級〜上級クラスがあり、働くフィールドも、ＡＩ・データサイエンス、メカトロニクス、エレクトロニクス、情報システム、バイオケミストリーなど幅広いことが特徴です。

中でもＡＩシステムの開発やメンテナンス、ロボットの設計・運用を担うエンジニアは、今後ますます重要な役割を果たすことになります。それを見越して、「今のうちに適性のある人材を確保して社内で育成していこう」という方針を持つ企業は増えています。

特に、ＡＩに関連した商品を製造している企業や、ＡＩ関連のサービスを提供している企業では、データサイエンティストや機械学習エンジニア、ロボティクスエンジニアといった職種での募集が増加してきています。

ただし、エンジニアの中でも、単純作業やルーチン作業に従事している層は、ＡＩによって代替される可能性があります。

例えば、基礎的なプログラミングやシステム保守といった業務は、ＡＩによる自動化が進み、人間の手を介さずに処理できるようになる可能性があるでしょう。このため、エンジニアであっても、高度な技術を扱うためのスキルアップが求められるのです。

さらに、地方のエンジニアにとっては、リモートワークの普及やデジタル技術の進展により、都市部に依存せずに仕事ができる環境が整いつつあります。これにより、地方にいながら最先端の技術に携わることが可能となり、都市一極集中の是正に貢献することも期待されています。

需要の増加により業界の成長が見込まれるものの、雇用が追いついていない職種もあります。それが介護職です。

高齢化によって需要が高まる一方、介護の現場では人手不足が常態化しています。これは、介護を必要とする人たちが介護を受けられないという深刻な問題につながっていきます。解決策として、現在注目されているのがロボット技術です。ロボットの導入により、介護職の負担が軽減され、就業環境が改善されることが期待されています。

厚生労働省と経済産業省は、介護分野の生産性向上のため、介護ロボットを6つに分類し、重点的な開発支援を推進しています。ここではその分類ごとに、代表的な機能をご紹介します。

1. 移乗介助

ベッドから車椅子への移乗やトイレまでの移動など、介護現場では力を要する作業が多く、介護スタッフの負担はかなり大きくなります。ここで登場するのが、移乗介助ロボットです。介助者の身体に装着してパワーアシストを行うものもあります。これにより、介護腰痛や肉体疲労を軽減し、安全かつ効率的な介護作業が可能になります。

2. 移動支援

自分ひとりでは移動が困難な人でも、手元の簡単な操作で自由に走行できるロボットが登場しています。言ってみれば、次世代型の車椅子です。介護施設や在宅介護の現場で車いすを手で押す仕事を代替します。他にも、下半身に装着して歩行をアシストするタイプのものもあります。

3. 排泄介助

排泄介助は、介護者にとって大きな負担となる作業のひとつです。これに対応するため、自動排泄処理ロボットも導入されています。排泄のタイミングをセンサーが感知、自動吸引、自動洗浄、乾燥までを行います。特に夜間のケアにおいて、介護者が何度も起きて排泄介助を行う必要がなくなります。

4．見守り・コミュニケーション

体調や異常をモニタリングする見守りロボットも活躍しています。カメラやセンサーにより、動きや体温などの異常が認められた場合、すぐにアラートが送られるため、迅速な対応が可能です。これにより、夜間やスタッフ不在時の安全管理が強化されます。

また、メンタルケアやコミュニケーション不足を補うために、会話ができるロボットも活用されています。感情認識技術により対話やゲームが可能なロボットは、介護スタッフがひとりで長時間対応することが難しい状況において、一部の役割をサポートしてくれます。

5．入浴支援

入浴は身体を清潔に保ち、感染症を予防するために重要です。滑りやすく転倒リスクもある浴室での介助は、特に注意を要します。入浴支援ロボットは、浴槽に出入りする際の一連の動作を支援します。介護者の身体的・精神的負担の軽減にもつながります。

6．介護業務支援

こちらは、見守り、移動支援、排泄支援をはじめとする介護業務に伴う情報を収集・蓄積し、それを基に、高齢者等の必要な支援に活用することを可能とする機器です。どんなに人手不足であっても、介護記録を取らないわけにはいきません。介護業務支援ロボットは、記録時間を短縮し、業務効率の向上に貢献しています。

当たり前ですがロボットは人間ではありません。充電が続く限り、24時間いつでも稼働が可能で、疲れることもありません。

これからは、ロボットに上手く頼りながら、必要なポイントでしっかりと人間が関わっていく。そんな働き方が求められるのかもしれません。

ALL ABOUT THE HUMAN RESOURCE BUSINESS COLUMN

最大の敵は「ミスマッチ」

人材ビジネス最大の敵は「ミスマッチ」。つまり、企業と求職者の間におけるニーズに不一致が生じることです。

この不一致を望む人は誰もいませんが、なかなかなくなりません。警察が「交通事故0件」を目指しているように人材ビジネス会社も「ミスマッチ0件」を目指し努力しています。

詳しく言うと、雇用ミスマッチの原因は、労働市場における「マクロ的原因」と個別事象による「ミクロ的原因」の2つに分けられます。

マクロ的原因のミスマッチは、業界と求人企業における需給の不一致を指し、第4章の1節で触れた産業構造の変化で90年代に製造業の求人が減りサービス業が増えた不本意入社などが挙げられます。

ミクロ的原因のミスマッチは、求人企業とこの企業に入りたいと希望する求職者におけるニーズの不一致をいいます。

人材ビジネスにおいてミスマッチは日常的に起こります。人材ビジネス会社で働くのであれば、「ミスマッチ対応」は避けて通れません。視点を変えれば、ミスマッチが少ない、もしくはほぼない担当社員が、優秀な人材ビジネスパーソンと言えます。それではこのミスマッチが発生する理由とその対策事例を解説します。

ミスマッチが起きる理由には、その事業部や担当者がどんな状況にあるのかが影響しています。

人材ビジネス会社は利益を追求しなければいけません。他の業界と同様、各部署、各チームには、ＫＰＩ（Key Performance Indicator：目標達成に向けたプロセスの進捗状況を定量的に評価・分析するための指標）が課されます。クライアント担当（営業）、スタッフマーケティング担当（募集）、スタッフフォロー担当（人材派遣ではコーディネーター）は、KPIに向かって日々の業務に取り組むのです。

ミスマッチの要因は大きく次の4つに分けられます。

1．求人情報の内容のズレ

採用企業と求職者間で、求めるスキルや期待する職務内容に関する情報に齟齬が発生。そのことに人材ビジネス会社の担当者が気付かなかったため、双方のニーズが合わない状況になってしまうこと。

2．採用プロセスのズレ

採用企業の担当者や人材ビジネス会社の担当者が、異動などにより途中で変更。採用プロセスが一時的に不明確な状況になることで、求職者に適切な情報提供ができない状況になること。キャリアシートの提出日や面談の日程変更が重なるなど、結果的に採用予定日が3～6ケ月ずれてしまうなど。

3．企業の文化のズレ

採用企業の文化や所属するチームの雰囲気が求人情報では伝わらず、面接や職場見学の段階で求職者の意欲が落ちてしまい、辞退に至ること。事前に聞いていた時とは職場の状況が変わり、雰囲気が一変していたなど。

4．求められるスキルのズレ

求職者の経験やスキルが書類上では採用企業にとって望ましいものに見えても、実際に面接して話を聞くと、任せたい業務を遂行する能力に達していない場合。これが一番多いパターン。

これらのミスマッチを避ける対策は、とにかくありとあらゆる手段を講じて双方のズレを修正することです。

人材ビジネスの視点は、「ベストマッチング」ではなく「ベターマッチング」。人材ビジネスはとても難しい仕事なのです。

おわりに

この本を書いたことで、業界の25年間を振り返ると同時に私自身の半生も振り返ることができました。執筆の機会を与えてくれたクロスメディア・パブリッシングに感謝申し上げます。第2章の「103万円の壁」「130万円の壁」の話では、私が20歳のころ、今は亡き母に台所で初めてその内容を教えてもらった記憶が蘇りました。

節を進めるごとに「あのころ」の思い出に出逢うことができ、脱稿した瞬間、タイムトラベルが終わり、タイムマシンで現在に戻れたような気分になりました。また、執筆するにあたって業界関係者、広報担当者の皆様が内容確認など惜しみないサポートをしてくれたことにも重ねて感謝申し上げます。皆様のサポート無しでは完成しなかったと思います。

仕事柄、人材ビジネスは他のサービス業と何が違うのかとよく聞かれます。私はいつもこのように答えます。〈人材ビジネスで商品となるのは、「人」である。〉

他のサービス業では、商品がサービスやモノ、特定の技術やスキルに依存しますが、人材ビジネスではその商品となるのは「人」なのです。人材の能力、経験、性格、適性などが直接的にサービスの質に影響します。他にも人材ビジネスの特徴として、マッチングの複雑さや信頼関係構築の難しさなどが挙げられます。企業のニーズと求職者のスキル、カルチャーフィット、職場の雰囲気などを慎重にマッチングさせる必要がありますし、長期的な視点での調整や心理的な側面を含めた「相性」を考慮する複雑なプロセスを経てサービスを提供します。

また、人は成長し、スキルアップしたり、環境やライフスタイルの変化によって仕事の優先度が変わったりすることがあります。このため、人材ビジネスは常に変化する市場ニーズと人材の状況を踏まえ、確かな信頼関係を構築しなければいけません。さらに、人材ビジネスは許認可ビジネスであり、人材紹介や派遣業務は労働関係法令に基づく法規制が厳しく、これに準拠するための専門的な知識が必要です。やはり人材ビジネスは、「人」を中心とし、常に動き続けるサービスなのです。他のサービス業と比較して「人間性」や「法的規制」「信頼構築」が重要な要素となっています。

人材ビジネス業界は、大きく変化してきました。これからもさらに変化、発展することが予感される世界です。この業界に与えられた社会的使命と役割は高まっていくでしょう。

本書により、この業界への興味を持っていただけることを願うばかりです。読んでくださり、ありがとうございました。また、どこかでお会いしましょう！

参考資料

・厚生労働省ホームページ：https://www.mhlw.go.jp
・内閣府ホームページ：https://www.cao.go.jp
・総務省ホームページ：https://www.soumu.go.jp
・総務省統計局ホームページ：https://www.stat.go.jp
・男女共同参画局ホームページ：https://www.gender.go.jp
・「令和4年度労働者派遣事業報告書の集計結果」（厚生労働省）
・「毎月労働統計調査令和5年分結果確報」（厚生労働省）
・「外国人雇用状況の届出状況について」（厚生労働省）
・「令和4年就業構造基本調査」（総務省統計局）
・「令和4年版働く女性の実情」（厚生労働省）
・「令和6年版男女共同参画白書」（男女共同参画局）
・「副業・兼業の促進に関するガイドライン平成30年1月策定（令和2年9月改定）」（厚生労働省）

[著者略歴]
水野臣介（みずの・しんすけ）
株式会社オーピーエヌ　代表取締役社長
人材派遣会社での勤務を経て業界専門誌「月刊人材ビジネス」発刊の前身となる出版社の株式会社オピニオンに入社。20年以上にわたり人材ビジネス業界の変遷をウォッチし続ける。2018年に「月刊人材ビジネス」を継承し株式会社オーピーエヌを設立、代表取締役社長に就任。現在は人材ビジネス業界向けに幅広い活動を展開している。

人材《じんざい》ビジネス
2024年12月1日　初版発行

著　者　水野臣介

発行者　小早川幸一郎

発　行　**株式会社クロスメディア・パブリッシング**
〒151-0051 東京都渋谷区千駄ヶ谷4-20-3 東栄神宮外苑ビル
https://www.cm-publishing.co.jp
◎本の内容に関するお問い合わせ先：TEL（03）5413-3140／FAX（03）5413-3141

発　売　**株式会社インプレス**
〒101-0051 東京都千代田区神田神保町一丁目105番地
◎乱丁本・落丁本などのお問い合わせ先：FAX（03）6837-5023
service@impress.co.jp
※古書店で購入されたものについてはお取り替えできません

印刷・製本　**中央精版印刷株式会社**

　ISBN978-4-295-41037-9　C2034